木原誠太郎のディグラム診断
http://digram-shindan.com/
でもOK!!

ディグラム 20の質問 Let's try!

いまから、あなたの「波形」を割り出します。
次の20の質問に「はい」「どちらともいえない」「いいえ」で答えてください。
深く考えず、直感でOK。すべて答えたら、配点表に進んでください。

No.	質問	はい	どちらともいえない	いいえ
1	自分はコミュニケーションにおいて、相手の細かいところが気になるほうだ			
2	自分は一般的な社会常識がない人とは、人間関係を構築したくない			
3	自分は約束やルールや一度決めた目標は守るほうだと思う			
4	他人とコミュニケーションするときは厳しく接するほうだと思う			
5	自分は感受性豊かで、涙もろいほうだと思う			
6	自分は世話好きで、家庭的なほうだと思う			
7	他人が心配してい… 困っていることな… と助けたくなる			
8	自分は他人の話は… 優しく接するほうだと思う			

9	自分は計画性があるほうだと思う			
10	自分のある程度の限界を把握していて、あまり無理はしないタイプだ			
11	相手の学歴や社会的地位を気にするほうである			
12	自分は感情に流されることなく、論理的に意思決定をするほうだと思う			
13	異性に対する興味が強く、自由な恋愛をしたいと思っている			
14	自分はわりといい加減な人間だと思う			
15	自分は陽気でノリがいいほうだと思う			
16	感情の起伏が激しく、腹が立つと相手に対して攻撃的になってしまうほうである			
17	相手の期待に応えようとして、我慢することがよくある			
18	自分に自信がないほうだと思う			
19	他人とコミュニケーションするうえで、自分自身をうまく表現できていないと思う			
20	他人の言動や行動をいちいち気にしてしまうほうだと思う			

配点表

回答をもとに下の配点表の該当欄にある数字に○印をつけ、
その数字を合計し、指標ごとに合計点を出してください。
何度も使えるように、鉛筆で記入するか、コピーを取って使いましょう。

	No.	はい	どちらともいえない	いいえ
CP	1	7点	4点	0点
	2	11点	6点	0点
	3	5点	2点	0点
	4	7点	3点	0点

合計　　　　点

	No.	はい	どちらともいえない	いいえ
FC	13	7点	4点	0点
	14	6点	3点	0点
	15	11点	5点	0点
	16	6点	3点	0点

合計　　　　点

	No.	はい	どちらともいえない	いいえ
NP	5	6点	3点	0点
	6	10点	5点	0点
	7	7点	3点	0点
	8	7点	4点	0点

合計　　　　点

	No.	はい	どちらともいえない	いいえ
AC	17	3点	2点	0点
	18	8点	4点	0点
	19	8点	3点	0点
	20	11点	6点	0点

合計　　　　点

	No.	はい	どちらともいえない	いいえ
A	9	13点	7点	0点
	10	3点	1点	0点
	11	2点	1点	0点
	12	12点	6点	0点

合計　　　　点

書き込み表

	CP	NP	A	FC	AC
合計	点	点	点	点	点

配点表で計算した、あなたのそれぞれの指標の合計点を記入。

↓

各指標の合計点を下のグラフにポイントし、右の例のように、線で結んでください。

〈例〉

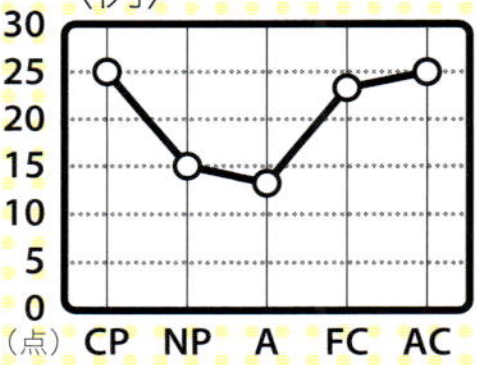

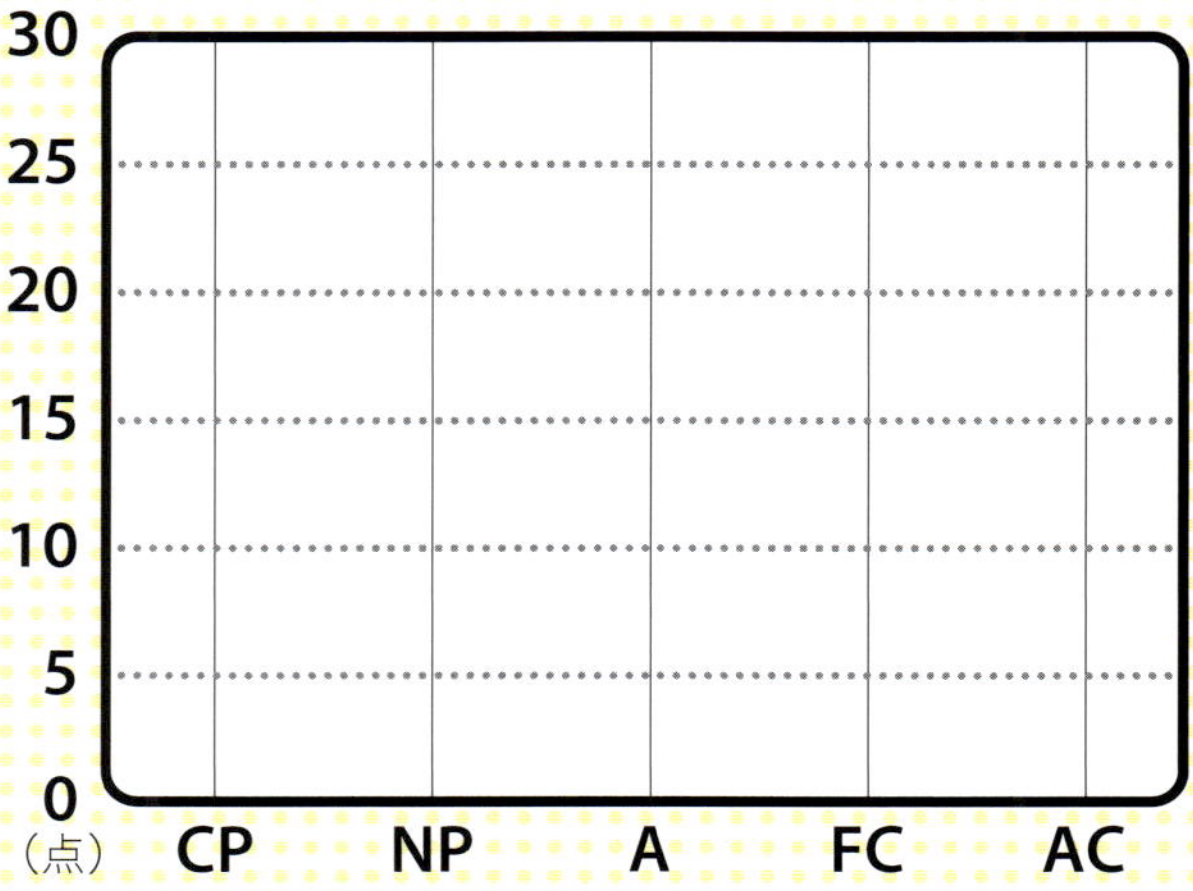

← 本文36〜42ページにある波形のなかから一番近いものを見つけてください。

木原誠太郎×ディグラム・ラボ

75.5%の人が
性格を変えて成功できる

心理学×統計学「ディグラム性格診断」が明かす〈あなたの真実〉

講談社+α《プラスアルファ》新書

はじめに

「20問の質問に答えてもらうだけで、その人の性格が客観的に詳しくわかる」

それが、僕らディグラム・ラボが研究・開発している性格診断「ディグラム診断」です。

「たった20問で、その人の性格のなにがわかるんだ」

「なにか怪《あや》しい占いか心理診断のたぐいなんじゃないか」

などと思われる人もいるかもしれません。しかしディグラム診断は、占いや普通の心理診断とはちょっと違います。

ディグラム診断は、「エゴグラム（Egogram）」という性格診断法と膨大な数のアンケートデータを合体させて生まれた、「心理学×統計学」による性格診断です。37万人超のデータを集積し（2015年7月現在）、常にブラッシュアップしてその精度を上げ続けている、まったく新しいメソッドなのです。

2011年11月にディグラム・ラボをスタートさせて以来、「当たる！」「自分では気づいていなかったことに気づかされた」「苦手なあの人との付き合い方がわかった」などといった評価をいただいています。フジテレビ系列で、ディグラム診断を使って芸能人の性格をズバリと言い当てる『性格ミエル研究所』という特番が過去6回放送され、おかげさまで好評を博していますので、ご覧になった読者の方もおられると思います。

また、最近ではテレビや雑誌をはじめ、さまざまなメディアとコラボレーションしたり、多くの企業とタイアップして、ディグラム診断を使った新たなサービスやプロモーションを手掛けています。

そんな日々を送る中で、これからは、「性格」が日常の人間関係からビジネスまで必須のツールになるという思いを、よりいっそう強くしています。


さて、僕自身がこのディグラム診断の原型になるアイデアを発案したのは、まだ大学生だった20歳の頃のことでした。

当時、起業家を目指してマーケティングを勉強していた友人と、「人間の消費行動に最も影響を与えるものはなにか」というテーマについて考え続けていました。そして、自分たちなりに研究を重ねた結果、「人の行動に最も影響を与えるのは、その人の性格なのではないか」ということに思い至りました。

性格が行動に影響を与える、とはどういうことか――。

２００円のペンと２０００円のペンがあるとします。２００円のペンは安くてどこでも買えるけれども、使っている素材やデザイン、書き味などに特徴はない。一方、２０００円のペンはデザインや使い心地などは素晴らしいけれど、高価。ただ上質な素材を使っているので、大事に使えば長くもたせることができるかもしれない。

この2種類だったら、あなたはどちらのペンを選ぶでしょうか？

前者のペンを選ぶ人は、とくに細かいことは気にせず、「気軽に使える」という利便性を重視するタイプが多いと思います。後者のペンを選ぶ人は、値段以上に品質の良さや自分自身の好み、使い心地を重視するタイプに多いのではないでしょうか。

このように、その人の「性格」によって、選ぶ商品の形、色、予算、特性は大きく変わってきます。良し悪しの評価そのものが、百八十度違ってしまうこともよくあります。

買い物に限らず、結婚、就職、転職、家探し……あらゆる人生の「選択」の場面において、その人の性格、つまり物事に対する考え方や価値観が、その人の判断や行動を左右しています。

逆に言えば、自分の「性格パターン」を理解できれば、自分がどういう行動を取りやすいか、また、どういう失敗をしがちなのかがわかってきます。それが理解できれば、「選択の岐路《きろ》」に立たされた場合に、〝自分にとって〟より良い選択肢を選ぶことができるようになるのです。

だから、「自分の性格を制するものは、人生を制する」と言っても過言ではありません。


とはいえ、大学生だった僕には、まだそこまでわかっていませんでした。

それぞれの性格の人が、異なるシチュエーションでいったいどんな行動を取るのか。どういう選択をするのか。こうしたデータをたくさん集めて、分析することができたら、きっとおもしろいことができるんじゃないか……そんな漠《ばく》とした考えにとりつかれているだけでした。

この仮説を証明するには、何万人分もの生データが必要でしょうし、フラットな視点で検証できるだけのデータ分析の経験やスキルも身につけなければなりません。資金、手段、スキル、知識……当時の僕には欠けているものばかりでした。そのため、「データによる性格分析」は、理論上の仮説にすぎず、遠い憧《あこが》れの存在でしかなかったのです。


数年後、大手リサーチ会社やIT企業、広告代理店に就職して、マーケティングリサーチャーとして日々膨大なデータと向き合うようになっていました。特定の商品やサービスに対する限定的なデータを集めて、リサーチする毎日。そんななか、僕は密《ひそ》かに学生時代のプロジェクトを進めていました。そう、「人間の性格は行動にどう影響を及ぼすのか」を実証するためのデータ集めです。

都合10年以上、マーケティングリサーチ業界で膨大な量のデータ分析を行いました。自分なりに検証を重ねるなかで、「性格によって個人の行動は変わっていくという僕の仮説は正しいんじゃないか……」と、ますます確信を深めるようになっていきました。

いつしか僕の手元には数万人分ものデータが集まっていました。学生時代に欲しかったデータと、データ分析のスキルと経験が僕の手のなかにありました。

「これは……やるしかない！」

そうして、さまざまな試行錯誤《しこうさくご》を経て開発したものこそ、20問の質問で人間の性格パターンを27種類に大別できるツール、「ディグラム診断」だったのです。

27種類の性格の人々は、それぞれどんな行動を取るのか。どんなものを好み、どんな仕事が合っているのか。その性格の弱点は何か。どういう行動を取ると、自分をより良い状態に持っていくことができるのか。そうして自分の性格を正しく知り、自分に合った改善法を見出す。成果は想像以上でした。

そして、「ディグラム診断」をより深く研究・開発する研究所として、ディグラム・ラボを立ち上げたのです。

僕は、これまでにも何冊か本を執筆してきました。しかし、「性格タイプ」「天職」「恋愛」と、テーマごとに27種類の性格の特徴を断片的に紹介するものばかりで、「ディグラム診断そのもの」については詳しく語る機会がありませんでした。しかし、最近では、「なんで、ディグラム診断は当たるの？」「ディグラム診断のしくみを知りたい」「そもそも、どんなものなの？」と訊《き》かれることが増えてきました。一過性のブームではなく、ひとつの手法として認知されてきたことを感じます。

そこで、みなさんの疑問に応《こた》えるべく、これまで僕らディグラム・ラボが研究し、集積してきたことの総決算としてまとめたものが本書です。そのため、今回は僕、ディグラム・ラボ代表の木原誠太郎だけではなく、一緒にディグラムを研究・開発してくれている弊社スタッフと一緒に書き上げました。

本書の内容は、次の通りです。

第1章では、「ディグラムの正体」についてお話しします。ディグラム診断とはいかなるものか、心理学や統計学をどのように活用して作られているか、また、占いや普通の心理診断との違いについてもよくおわかりいただけると思います。

第2章では、「昨今のデータの背景」について、ディグラム・ラボの取締役でもあり、データ解析担当である青山典嗣が語ります。

第3章では、ディグラム診断で、それぞれの性格がどう変わるのか。また、診断結果から、転職や結婚、恋愛、人生の向き合い方などをどう変えていけばいいのか、解説していきます。

第4章では、実際に僕（木原）自身が受けたさまざまな相談に対し、ディグラム診断を使って、どのように問題解決へと導いていったかを、「ケーススタディ」として紹介します。

第5章、第6章、第7章では、ディグラム診断をビジネスに応用すると、いったいどんなおもしろいことが起こるのか。実際の企業のプロモーションやタイアップ企画の事例を紹介しながら、「B to B」のディグラム診断活用の可能性を検証します。

これらの章は、弊社のリサーチャーのひとりである古賀寛子、プロモーション担当である恒吉浩之と木原が執筆します。

最後に、現在は性格診断やビジネスシーンなどに活用されているディグラム診断のさらなる可能性、また、ディグラム・ラボとして考える今後の展開、すなわち、「ディグラム診断の未来」について木原がお話しします。

より多くの人にディグラム診断を活用してもらい、その人生をよりよく変えるお手伝いができれば——そんな願いを込めて、この本を書きました。

本書との出会いが、みなさんの人生に、恋愛に、仕事に、驚きの発見と出会い、変化をもたらすことを祈って。

2015年9月

ディグラム・ラボ代表　木原誠太郎《きはらせいたろう》

◉目次

第4章　シチュエーション別！　ディグラム活用術――木原誠太郎×ディグラム・ラボ

第7章　企業の人事、教育にディグラムを活用する！──木原誠太郎×ディグラム・ラボ

第1章　人の心を可視化するディグラム診断──木原誠太郎×ディグラム・ラボ

性格がわかれば、悩みは解決する

あなたは、パートナーがなにを好み、なにを嫌うのか知っていますか？

あなたは、自分の家族がなにを考えているのか知っていますか？

そしてあなたは、あなた自身のことを客観的に見ることができていますか？


人の内面はとても移ろいやすいもので、１００％の確率で「こうだ！」と断言することは不可能だと思います。


「なんであの人は、あんなひどいことを言うんだろう？」

「なんで自分は、ほかの人みたいにモテないんだろう？」

「自分は本当は、なにがしたかったんだろう？」


空気が読めない。

他人とうまくやれない。

恋人ができない。

収入が増えない。

さまざまな悩みを抱えて、日々、自問自答を繰り返している。それが、私たちの等身大の姿だと思います。

2015年4月にディグラム・ラボで実施した調査ですが、全国の20〜69歳2000人を対象にアンケート調査を行ったところ、およそ80％の人が「ストレスを感じることがある」、さらに35％の人がストレス度がより強い「慢性的、または頻繁《ひんぱん》にストレスを感じている」と回答しています。実に3人に1人以上が、ストレスをうまく解消できないまま、日々の生活を送っているのです。

そのためか、世の中には「他人とうまくコミュニケーションを取る技術」「収入を10倍にする方法」「恋愛で相手の心を摑《つか》むための秘訣《ひけつ》」などと、〝問題〟を解決するためのさまざまな本やテクニックがあふれています。

それらによって悩みから解放される人がいるのは事実です。でも、だからといってその方法論が万人に有効かといえば、それはちょっと違いますよね。

人はみんな、持って生まれた性質、育ってきた環境、経験がそれぞれ異なります。仮に同じような問題に直面したとしても、それをどう受け止めるかは、人それぞれ。性格や価値観によって、大きく変わってくるはずです。

たとえば、あなたの預金通帳の残高に100万円という金額が記載されていたとします。それを見たとき、あなたはどう思いますか？

「まだ100万円〝も〟入っている。まだしばらくは安心していられるな」と感じる人もいれば、「100万円〝しか〟残っていない。これからどうしよう。不安でしょうがない」とがっかりする人もいるでしょう。同じ100万円なのに、全然違うことを考えているわけです。

また、会社で突然、「来週は休んでいい。好きなように過ごしていいよ」と言われたとしたらどうでしょう。仲間に囲まれてわいわい楽しく騒ぐことが大好きな人なら、急いで友人たちと連絡を取り、イベントでも計画するかもしれません。その一方で、休日は自宅で一人、本を読んだり映画を観たりしながら過ごすことを好む人なら、誰にも連絡せず、本やDVDを大量に用意して、のんびりするかもしれません。

このように、性格によって受け止め方、考え方、行動、趣味嗜好《しこう》は大きく分かれてしまうはずです。だからこそ僕は、「万人に通用するメソッド」などというものは存在しない、と思っています。

むしろ大切なのは、「自分の性格に一番合う方法」を見つけ、自分が最も喜びを感じられるようになること、なのではないでしょうか。

そのためには、自分の性格を深く知っておくことです。

自分がいったいどんな人間で、どんなことが好きで、苦手なのか。

自分にとって「幸せ」を感じる状態とは？　また、自分はどうなることを望んでいるのか。

世の中には「幸せ」の形がたくさんあって、そこに到達する道もひとつでなく、複数あるはずです。「性格」や「価値観」がそれぞれ異なるならば、人それぞれ求める「幸せ」や「目指す場所」も違うはず。世の中の既成概念や常識にとらわれず、自分にとって本当に必要なもの、本当に自分に合った人生の生き方を模索する。そのための羅針盤《らしんばん》として、「自分の性格を把握《はあく》する」ということが非常に大切だと思うのです。

なりたい自分の理想像に近づく

「もっと仕事ができるようになりたい。そのためには、もっと勉強しなくちゃ」

「もっと痩《や》せてスリムになりたい。そのためには、ダイエットをしなくちゃ」

「もっと周囲から慕《した》われる人間になりたい。もっと他人に優しくしなくちゃ」

誰にでも自分にとっての「なりたい理想像」があると思います。自分なりに努力しても、なかなか願いは叶《かな》わない。いつしか努力すること自体をあきらめてしまう。あなたも、そんな一人かもしれません。

はっきり言えば、理想に近づくことは必ずできます。けれども、「自分の性格」と向き合わずに闇雲《やみくも》に努力をしていたら、多くの場合、運任せとなって失敗に終わってしまいます。

僕は、これまで数千人以上の方に対面による性格診断を行ってきました。また、アンケート調査を用いて37万人以上の性格診断結果に加え、価値観や嗜好、行動データを分析してきました。

そこでわかったことは、多くの人が自分の性格を客観視せず、「ほかの誰か」に合ったメソッドを無理やり自分に当てはめて失敗している、ということです。そういうケース、本当に多いです。むしろ、失敗のほとんどが自分に合っていない方法を用いたために起こっている、と言ってもいいくらいです。

仮に、あなたが合コンに参加したとします。

「A子ちゃんってカワイイねー。今度デートしてよ！」

「えー、やだっ！　キャハハ」

女の子たちに軽口を叩《たた》き、彼女たちも受け流しつつまんざらでもない様子。そんなふうにして女性陣の注目を浴びる男性が、たいてい1人か2人はいるものです。

そんな光景を見て、「う、うらやましい！」と思って、あなたもマネして同じセリフを口にしたとします。やっぱり、大半はうまくいきませんよね。

「どうしてアイツはいつもうまくいくのに、自分だとダメなんだろう。アイツと自分の間にある差はなんなんだ？」

おそらくあなたは思うはずです。

まったく同じ言動をしたとしても、ある人は成果を収め、ある人はまったくの空振りに終わる。こうした差が生まれる理由は、明らかに「性格の違い」です。

明るい性格の人なら、おもしろい話をして周囲の人を笑わせることも可能ですが、元来おとなしめの性格の人が頑張っておもしろい話をしようとしたとしても、強いストレスを感じるだけ。むしろ「無理してる感」が滲《にじ》みでて、場がシラけてしまったりします。

「みんなにこんなこと言って、バカにされないかな」

「ウケなかったらどうしよう」

くよくよ悩んで、ぎこちなくなって、なにをやっても失敗するようになってしまいます。

だったら、そのおとなしい性格の人は、「明るくおもしろい話をして、場を盛り上げて人気者になる」というメソッドをあえて捨てて、「周囲に気配りをして好感度を上げる」とか「普段は黙《だま》っているミステリアスなキャラとして注目を浴びる」など、「おとなしい人が使うと効果的なメソッド」を選んだほうが、ずっと成功率は高くなるはずです。

その人の持つ性格によって、使うべきメソッドは大きく変わってくる。だからこそ、「なりたい自分の理想像」に近づくためには、いまの自分の性格を客観的に理解し、性格に合った対策を取るべきだと思うのです。

摩擦やストレスを軽減する方法

その一方で、「他人の性格を知る」ことも同じくらい大切です。

人は、往々にして自分の考え方や常識を前提に、他人を判断してしまいがちです。

たとえば、会社の上司からどこかそっけない対応をされたとします。すると、「自分がなにか悪いことをしたんじゃないか」「自分になにか問題があるんじゃないか」と、自分に非があると思い込んで不安になってしまう人もいれば、「まあ、あの人はそういう人だから」と割り切ってしまう人もいます。

相手が日頃から誰に対してもそっけなく、クールな人なのか、それともほかの人には明らかに愛想がいいのに、自分にだけそっけないのか。それによって、相手への対応はガラッと違うものになると思います。

それが相手の性格に起因するものだと見極められれば、

「そういう人だから、悪気はないんだな」

「ちょっとしたことで怒りやすい人なんだな。だったらしかたない」

と受け入れて、対策を立てることができるようになります。

自分には理解できない他人の言動や思考でも、「性格」という視点で理解できるようになったら、人間関係の摩擦《まさつ》やストレスは必ずや軽減していくはずです。

現代人は「選択疲労」

ところで昨今、「自分で選ぶ」というシチュエーションがとても増えていると感じます。

朝食時に観るテレビ番組、移動中にスマホで読むネットニュース、昼食、上司と飲みに行くお店……日常の些細《ささい》な選択だけでなく、職業や勤める会社、乗る車に結婚相手、住まいなど、僕たちは日々、取捨選択しています。

現代は、その決断をいかに速く、そしていかに正確にできるかが求められている時代といっていいかもしれません。

それを「自分で選ぶ自由」が多くて素晴らしいと捉える人もいれば、「なんでもいちいち自分で選ぶのは面倒くさい。もう、誰か決めてほしい」と負担に感じる人も少なからずいるはずです。

思った以上に、「なにかを決めること」は精神力、体力を消耗します。

実は、僕らが「ディグラム診断」を実用化しようと思ったそもそものきっかけも、そこにありました。

いまの世の中、「生きていくうえでの客観的なアドバイス」を求める人がたくさんいます。もちろん、それが間違ったことだとは思いません。世の中の価値観が細分化され、莫大な量の情報が垂《た》れ流され、さまざまな選択肢が次々に現れてきますから、やはり「自分で決める」ことに疲れてしまうような事態も生じます。

その結果、自分の決断に自信が持てなくて、占いサイトに頼ったり、マニュアル本を読んだり、ネットで検索して人の評価を見たりする、他人のアドバイスを得ることでようやく安心して物事を決められるようになる……。その気持ち、とてもよくわかります。

朝のテレビ番組で「今日の星占い」を毎日流し、女性誌のみならず男性誌までが占いのページを欠かしません。ネットニュースやブログには、「恋人にフラれないための7原則」「ちょっとデキる人と思わせるためのライフハック」などといった情報が、それこそ何百本、何千本とアップされています。

そんな現代の状況を見るにつけ、自分のいまの状態を確認したい、迷ったときにアドバイスが欲しいなどといった需要がいかに多いか痛感します。

もちろん、占いやマニュアル本やネット情報に信憑性《しんぴょうせい》がないとは言いません。でも、あまりに対象を広げすぎていて、誰にでも当てはまる一般論か、主観的すぎてほかの人には役に立たないものばかりのような気がします。

「もう少し、客観的で信頼できるアドバイスはないのか！」

そうやって僕らなりに探してみたのですが見つかりません。だったら、自分たちで作るしかないと生みだしたのが、大量のデータをベースにした「ディグラム診断」でした。もはや情報がありすぎてどんな人でも選ぶことができない。だったら、その人に必要な情報だけを抽出して届けよう、そう考えたのです。

ディグラム＝心の状態のハカリ

では、「ディグラム診断」とはいったいなんなのか。

まず、この耳慣れない「ディグラム」という言葉の説明から始めたいと思います。

ディグラムとは、「Depth Insight Gram（ディプス・インサイト・グラム）」という言葉の略語。「人の深層心理をグラム単位で測《はか》るように、細かく、正確に診断する」という意味を込めた、僕の造語です。この言葉の通り、ディグラム診断は「データと心理学を使って、人の心の状態を可視化《かしか》する診断」として開発しました。

心理学の有名な診断法のひとつであるエゴグラムによる指標と、全国37万人以上の人から採取したアンケート調査データ、数千にのぼる対面診断データをもとに、人間の性格を分類し、現在では27パターンの「波形」と呼ばれる性格モデルにまとめています。

たしかに、人の性格にはいろいろな種類があり、一人としてまったく同じ性格の持ち主はいません。世界の人口が70億人いるならば、それこそ70億通りの性格があってもおかしくありません。

それでも、人間の性格はいくつかの要素に分解することができますし、その特徴や傾向を浮《う》き彫《ぼ》りにしていくことで、いくつかのカテゴリーにくくることはできます。そうして、27種類の性格タイプにまとめたのが、ディグラム診断です。

巷《ちまた》で人気の性格診断のなかには、「オラオラ系」「草食系」「乙女系」などと、その人の属性でカテゴリー分けしているものがよくあります。いずれも、心理学的見地によるグルーピングに基づいて作られていると思いますが、ディグラム診断が他の性格診断と異なるのは、心理学的な分析に加えて、「大量のデータ」を組み込んでいる点です。

たとえば、「いま元気がないのですが、どうしたら回復しますか?」と質問すれば、一般的な心理テストは「あなたは落ち込んでいます。元気を出すために友達と食事をしましょう」などと分析するかもしれません。でも、あまりにざっくりした回答で、どんな友達がいいのか、ランチなのかディナーなのか、どんなタイプのお店がいいのか、具体的な選択で迷ってしまうはずです。

これがディグラム診断なら、「あなたと同じような性格タイプの人は、元気がないときに飲み会に行くと、普通の人より幸福度が20%上がります」とか、「あなたと同じような性格タイプの人は、寿司屋で最初にマグロを頼む確率が全国平均より20%以上も高いです。そして、マグロを頼む人は仕事においてチャレンジングな性格です」などと、データに裏づけられた、より具体的な指針を示すことができます。

それゆえ、分析と対応策への信憑性を、よりいっそう高めることができるのです。

なぜ「性格」を重要視するのか?

それではなぜ、データと心理学を掛け合わせることにしたのか。そこにはひとつの大きな理由があります。

「はじめに」でも触れましたが、もともと僕はマーケティング業界出身で、企業の商品開発、PR戦略などのリサーチを何百件も取り扱ってきました。そんな僕が解き明かしたいと追い求める長年の課題は、「人の消費行動は、いったいなにに結びついているのか」というものでした。

「商品をより多く売るために、人に手に取ってもらうにはどうしたらいいのか」

「その商品を欲しいと思わせるためには、どうしたらよいか」

「人は、どんな企業や商品に好感を持つのか」

これは、マーケティングに携《たずさ》わるすべての人間にとって、永遠のテーマのひとつだと思います。

人の消費行動を知るうえでは、ある程度のカテゴライズが必要になってきます。そして、データを分析していくなかで必要不可欠なのが「分析軸」の決定です。性別、年齢、年収、出身地、学歴、職業、既婚・未婚、家族形態……など、実にさまざまな分析軸があります。同じ人からデータを採取して分析するにしても、「どんな軸で区切るか」で、得られるデータやその見え方は大きく変わってしまいます。

リサーチのなかで、分析軸としてよく挙げられるのが「年齢」や「性別」です。年齢や性別はわかりやすいうえに、分析対象が生きてきた時代、背景などといった共通性を見出しやすく、学生か社会人かといった、ライフステージにも関連させやすいからです。

でも、考えてみてください。

あなたの同級生を見回して、年齢や性別が一緒だからといって、みんな同じような人生を歩んでいるといえるでしょうか？

嗜好や行動が似ているものでしょうか？

実際のところは、かなりバラバラですよね。

たとえば、「20代男性」とグルーピングしても、実際には多種多様です。学生もいれば、社会人もいる。そのほかにも、「既婚・未婚」や「正社員・フリーター」など、さまざまな基軸が存在します。単一のグルーピングで分析しても、グループの傾向は摑《つか》めたとしても、その嗜好や行動を予測することまではできませんでした。

嗜好や行動をはかるデータを取るうえで、もっとも効果的な指標はなんなのか。僕らは、さまざまなリサーチデータの分析、マーケティング活動の実践を繰り返し、その結果、消費行動に結びつくのは「性格」なのではないか、と考えるようになりました。

では、なぜ僕は、世の中にあるさまざまな分析軸のなかで、性格が行動に結びついていると考えるようになったのでしょうか。

性格は、年齢や性別以上に、行動に影響を与えやすいと僕は思っています。たとえば、倹約家で自分に厳しい性格の人がコンビニエンスストアに行ったとき、お目当ての商品以外のものは購入しない確率が高いでしょう。ところが、お金にルーズで自分の欲望が抑えられない人なら、用がなくてもコンビニに行き、余計なものまで買ってしまう確率が高くなるはずです。

このように、その人の性格＝物事の考え方が行動に結びつくケースが多い。だからこそ、ディグラム診断では、「人の性格」を軸に据《す》えてデータを蓄積しているのです。

エゴグラムとディグラム診断

ディグラム診断のベースになっているのは、心理学で有名な理論のひとつである「エゴグラム(Egogram)」です。「エゴグラム」は、人間の性格を構成する要素を、次ページの表のように5つの要素に分類して、性格を可視化しようとします。

以下、順に詳しく見ていきましょう。

CP（Critical Parent、厳しい親）＝「厳しさ」の指標
NP（Nurturing Parent、優しい親）＝「優しさ」の指標
A（Adult、大人）＝ 論理性の指標
FC（Free Child、奔放《ほんぽう》な子ども）＝「自由奔放さ」の指標
AC（Adapted Child、従順な子ども）＝「協調性」の指標

①CP（厳しさ）
「厳しさ」を表す指標です。具体的には、「頑固《がんこ》で人の話を聞かない」「自分の価値観が正しいと信じて譲《ゆず》らない」「責任感が強く、社会的な規範や一般常識に逆らうことをよしとしない」「他人への批判精神が強い」「プライドが高い」「こだわりが強い」「時間に厳しい」などの性質を表します。「CP」の数値が高い人ほどこうした性質が強く出る傾向にあり、反対に「CP」の数値が低い人ほどこれらの性質を持たない傾向にあります。

②NP（優しさ）
「優しさ」を表す指標です。具体的には、「情に厚い」「面倒見がよい」「世話好き」「人の話をよく聞く」「母性にあふれている」「思いやりがある」「感受

性が強くて涙もろい」などの性質を表します。「ＮＰ」の数値が高い人ほどこうした性質が強く出る傾向にあり、反対に「ＮＰ」の数値が低い人ほどこれらの性質を持たない傾向にあります。

③Ａ（論理性）

「論理性」を表す指標です。具体的には、「合理的に考えて行動できる」「中長期的に計画を立てるのがうまい」「理屈っぽい」「計算高い」「数字やデータなどに強い」「感情よりも理性を優先させる」などの性質を表します。「Ａ」の数値が高い人ほどこうした性質が強く出る傾向にあり、反対に「Ａ」の数値が低い人ほどこれらの性質を持たない傾向にあります。

④ＦＣ（自由奔放さ）

「自由奔放《ほんぽう》さ」を表す指標です。具体的には、「子どもっぽさ」「陽気さ」「元気がいい」「ノリがいい」「明るい」「ユーモアがある」「わがまま」「自己中心的」「後先を考えない」「性欲が強い」「誘惑に弱い」「飽《あ》きっぽい」「快楽主義者的側面がある」などの性質を表しています。「ＦＣ」の数値が高い人ほどこうした性質が強く出る傾向にあり、反対に「ＦＣ」の数値が低い人ほどこれらの性質を持たない傾向にあります。

⑤AC（協調性）

「協調性」を表す指標です。具体的には、「他人に合わせる」「その場の空気を読もうとする」「忍耐強い」「集団主義」「言われた通りのことを素直にやる」「自己主張するのが苦手」「目立った言動をして他人に嫌われたくないという願望が強い」「自分をうまく表現できない」などといった性質を表します。「ＡＣ」の数値が高い人ほどこうした性質が強く出る傾向にあり、反対に「ＡＣ」の数値が低い人ほどこれらの性質を持たない傾向にあります。

ディグラム診断では、これらの５つの要素を指標に、20の質問に答えてできた「波形」を見ることで、その人の性格を分類していきます。現在、波形は全部で27種類。各波形と、僕たちが考えた波形別のキャッチフレーズ、解説を次ページ以降、図表にまとめます。
なお、ご自分の波形を知りたい方は、本書冒頭の「口絵」で質問に答え、波形を確かめられるようにしてありますので、ぜひ試してみてください。27種類の波形のなかには「ライン型Ｉ」「Ｎ型Ⅱ」「ＣＰボトム型」などと、耳慣れない名称もありますが、次ページからの各波形のサンプル図をご覧いただくと、５つの指標によって作られる「形」を反映したものになっていることがおわかりいただけると思います。

あなたはどの波形？～27の波形解説～

ディグラム性格診断は、全部で27波形。

「どれかわからない」という場合は、ディグラム診断サイトhttp://digram-shindan.com/へ。

こちらでもう一度質問に答えたら、あなたの波形がズバリ出てきます。

ライン型Ⅱ

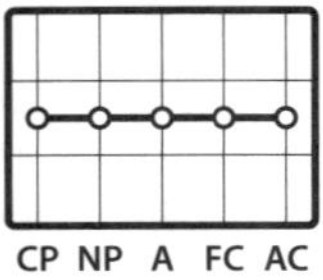

ザ・普通
事なかれ主義の草食人間

近年、若者に増えてきた波形で、何事にもフラットに接し、感情の起伏が少ないタイプです。性格的にも特に短所があるわけではありませんが、目立った長所があるわけでもありません。周囲の人に溶け込む能力は高いものの、かといって人を引っ張ったり、主体的に発言をしたりすることも少ないようです。出世や恋愛、お金などにもあまり興味がなく、マイペースに淡々と日々を過ごすことをよしとする無味乾燥な人といえるでしょう。

ライン型Ⅲ

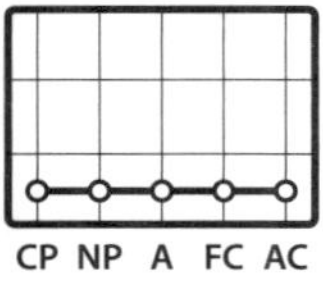

どうしてそんなにテンション低い？
無気力無関心の透明人間

心身ともに非常に消耗している状態です。あらゆる事態に対してやる気がありません。日常生活を営むうえで、なにかしらの問題を抱えている可能性が高いです。精神疾患などの病気にかかっている可能性もあるので、まずは家族や知人の助けを借りて、刺激の少ない環境でゆっくり休息を取ることをおすすめします。万が一、なにかを始めたいと思っている場合は、ひとまず心身を立て直してから挑戦するほうがいいでしょう。

ライン型Ⅰ

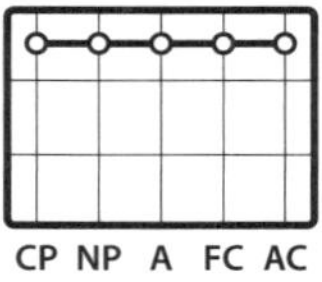

なんでもこなせる優等生
エネルギッシュな器用人間

どんな場面でも能力を発揮する万能型の人です。やや自信過剰ではありますが、正義感が強く、規律を守る優等生です。また、情に厚く、陽気で、気配り力もあるため、周囲の人望を集めるリーダータイプでもあります。一方で、プライドが高くて挫折に弱いので、些細なミスで心が折れてしまうことも多いです。また、常に何事にも全力投球するため、気づかぬうちに疲れを溜めてエネルギー切れにならないよう注意しましょう。

台形型Ⅰ

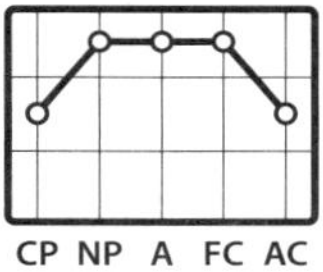

将来は出世間違いなし
世渡り上手なモテモテ人間

思いやりがあり、明るい性格で、常に自信に満ちあふれています。そのため、周囲からも好かれます。また、適切な判断力を兼ね備えているため、物事を計画的に進める力を持った合理的な人でもあります。一方で、自分自身や身近な人のことを大事にするものの、それ以外のことにはあまり関心がないマイホーム主義者でもあります。ちょっとルーズで気ままな一面もありますが、要領がいいので問題を起こすことは少ないでしょう。

M型

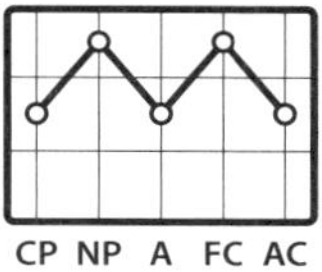

ノリが命のムードメーカー
肉食系の楽天人間

非常に楽天的で、優しい性格です。一方で、非常に奔放な一面も。なにか行動するときは、「まずは自分自身が楽しいか？」「他人や社会の役に立つか？」を重要視して選択する傾向があります。人と一緒にいるのが大好きで、周囲の人みんなから好かれようとするうえ、新しいこと好きでなにかを切り開いていくことに喜びを感じます。寂しがり屋で、いつでも誰かと一緒に行動することを好み、一人で行動することが少ないといえます。

台形型Ⅱ

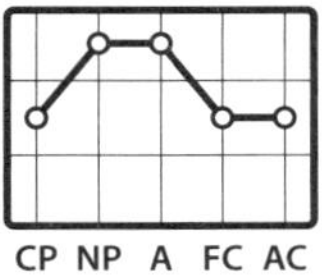

頼れる縁の下の力持ち
ご奉仕大好き菩薩人間

合理的な思考の持ち主で、常に冷静な判断ができるタイプです。奉仕精神が旺盛で、自己犠牲を厭わず、人を助けることに喜びを感じる傾向があるため、周囲の人から頼られることも多いでしょう。一方、自分自身の意見をしっかり持っているので、むやみに人に調子を合わせることはしません。場を率先して盛り上げたり、明るく振る舞ったりするのは苦手なので、周囲からは温和だがクールな人に見られることも多いようです。

W型

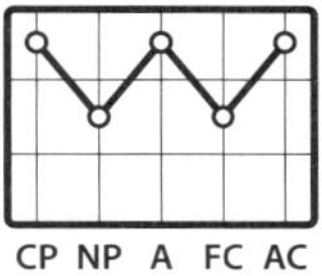

ジレンマ抱えて日々葛藤
ストイックな内向人間

他人にも自分にも厳しいうえに、周囲の目を気にしすぎる傾向にあります。また、非常に合理的な思考回路の持ち主なので、何事も段取り上手に進められる反面、いつも心に余裕がなく、人への情に欠けた印象を与えがち。自分に自信がなく、ネガティブな視点で物事を評価する傾向にあり、周囲からは「融通の利かない厳しい人」と思われてしまいがちです。内向的でコミュニケーションべたなので、友達の少ないタイプといえます。

U型Ⅱ

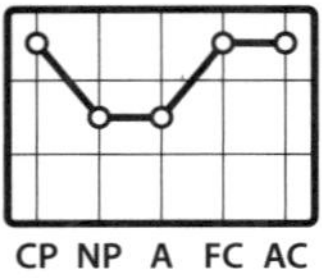

突然キレ出す時限爆弾

直感重視のわがまま人間

感情のコントロールが苦手で、怒りの衝動を我慢できずに、爆発してしまうカンシャク持ちタイプです。シニカルで他人に対して手厳しい一方、自己主張が苦手です。それゆえ、日々の生活でいつの間にかストレスを溜め込んでしまうことも多いかもしれません。論理よりも直感で行動しやすく、感性に優れている人ともいえますが、勢いだけで後先考えない行動を取って後悔することも多いでしょう。

台形型Ⅲ

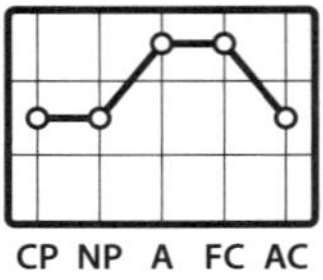

二股三股は当たり前

用意周到な快楽主義人間

自分の欲求に忠実で、自己中心的な言動に陥りやすい傾向があるようです。すべての行動原理は「いかに自分が楽しめるか」が中心になっています。それゆえ、やや無責任で軽薄な印象を与えがち。とくに恋愛面などでは、二股や浮気を繰り返しがちなタイプといえます。ただ、ノリがよくてコミュニケーション能力が高いうえに、合理的で根回し上手な一面もあるので、他人から極端に嫌われたり、無視されたりすることは少ないでしょう。

U型Ⅲ

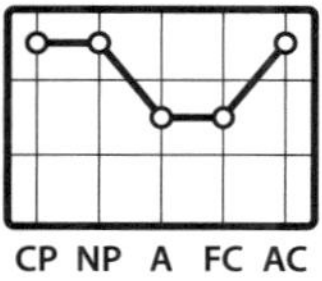

ストレス抱えたマリア様！

NOと言えない腹黒人間

人の世話をしたり、周囲に奉仕したりすることを生きがいに感じる優しい人です。周囲の人によく思われたいという願望が強く、思ったことを素直に表に出せない気の弱さがある一方で、その実、他人に対して批判的で厳しい視点も持っているため、自分の本音と建て前の間で葛藤することも多いでしょう。我慢しすぎる傾向があるので、適度なストレス発散を心がけましょう。

U型Ⅰ

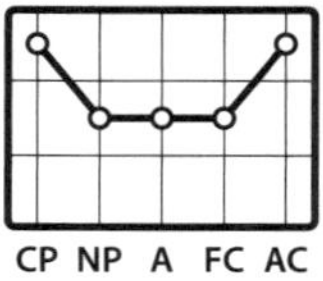

24時間葛藤中

内弁慶な頑固人間

他人に厳しく批判精神が高いのに、「周囲からよく見られたい」という願望が強く、ついつい自分の意見を主張できずに、ストレスを溜め込むことが多い性格の持ち主です。また、自分に対して自信がなくて、何事もネガティブに考えてしまいがちなので、周囲の人には暗い印象を与えてしまうことも多いでしょう。大人数でなにかをやるよりは、マイペースにキッチリとコツコツ積み上げていくほうが成果を上げられるタイプです。

N型Ⅲ

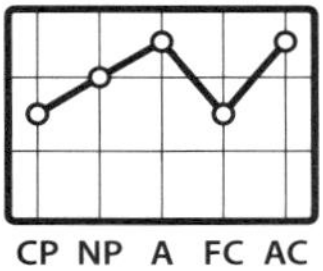

妄想が止まらない
考えすぎの
ウジウジ人間

基本性格はやや暗く、ネガティブ思考になりがちです。非常に計画的で、何事においても他人より２歩も３歩も先を読む慎重派。ミスをすることを過度に恐れており、周囲の空気を読みながら、理知的・計画的に行動します。自分に自信がないため、自己主張するより周囲の意見に合わせてしまいがち。ストレスを溜めることも多いです。ですが、その性格のおかげで、大きなミスや失敗をすることのない安定型といえるでしょう。

N型Ⅰ

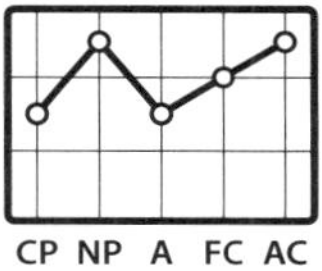

ザ・日本人
空気読みまくる
保守的人間

日本人の女性に多く見られる性格です。情に厚く、常に周囲に気を遣う「空気の読める人」です。ただ、自分の頭で考えて行動するよりも、周囲の雰囲気を読みながら物事を判断していく傾向があるため、他人の顔色を窺いすぎてストレスを溜め込みがち。ノリはいいのですが、多数派に属することをよしとしており、個性の強いものや異質なものを嫌う傾向があります。ひと言で表すなら、保守的な性格といえるでしょう。

逆N型Ⅰ

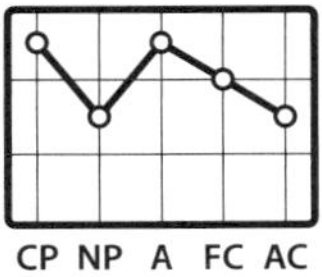

偏屈なほど自信家
オレ様
ナルシスト人間

自分に対して過剰なほどに自信を抱く傾向があります。自分で決めたルールにこだわり、周囲にもそのルールに従うことを求めます。他人に合わせようという気がなく、協調性に欠ける一面も。ただ、とても合理的なので、情に流されたり、その場の雰囲気に飲まれたりすることはなく、常に適切で冷静な判断を下すことができます。また、向上心が強いため、仕事において出世する人も多いでしょう。

N型Ⅱ

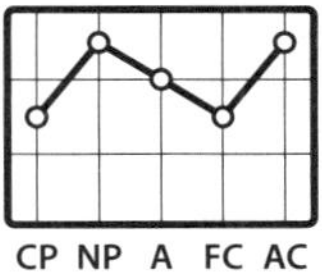

人の幸せが
自分の幸せ
優しさの
押し売り人間

情に厚く、いつでも損得抜きで他人に気を遣うことができる優しい人です。奉仕するのが大好きで、時には周囲に「おせっかい」と思われてしまうことも多いです。思考回路はやや論理的で、計画的に物事を進めることができ、ルールに基づいてコツコツ積み重ねていけるタイプです。ただ、優柔不断なところがあり、リーダーにはあまり向いていません。調整役や進行管理役など、集団内の役割において能力を発揮するタイプです。

CPトップ型

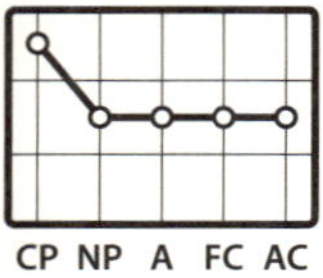

不器用な私を認めて欲しい
職人気質な頑固人間

非常に頑固でこだわりの強い人です。他人に厳しく攻撃的になりがちですが、実は心理的に打たれ弱い部分もあり、自分の行動や言動に自信を持てずにブレーキをかけてしまいがち。また、周囲の人を見下しつつも、認められたい、気に入られたいという矛盾した考えを持っていて、そのジレンマに思い悩むことも多いでしょう。ルールや常識に対して厳格で、曲がったことが大嫌いな正義感を持った人でもあります。

逆N型Ⅱ

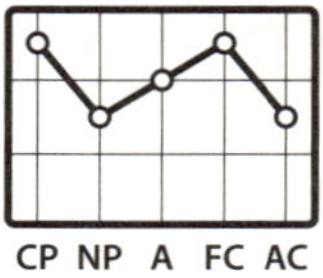

空気読めないお調子者
天真爛漫なお祭り人間

冷静でシニカルなのに、天真爛漫で明るい——異なる性質が同居し、二面性のある人です。マイルールで行動するため、周囲からは「空気の読めない人」と思われることも多いですが、他人からの評判を気にしないマイペースな性格なのでストレスとは無縁な日々を送ることができます。非常にノリがよく、時には悪ノリしすぎてしまい、周囲との軋轢を生むことも。集団生活においては毒舌などは控えたほうが賢明です。

NPトップ型

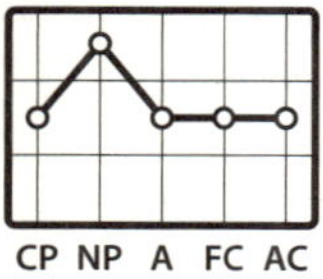

優しさあふれるマリア様
NOと言えない相槌人

自分のことより他人を常に優先させる、優しさにあふれた人です。弱い人や傷ついた人、困っている人を見ると放っておけず、つい手助けしてしまいます。また、自分の主張や感情をあまり表に出さないため、聞き上手な人として周囲から重宝がられるでしょう。ただ、他人に尽くしすぎるがゆえ、自分からなにか行動を起こしたりすることはあまりなく、悪くいえば「主体性のない人」と思われてしまうことも。

逆N型Ⅲ

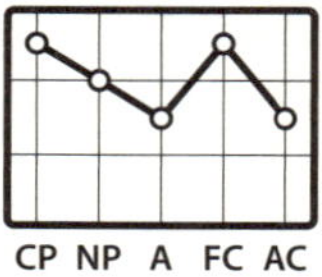

思いつきで他人を振り回す
ノリノリ暴走機関車人間

後先をあまり考えず、思いつきで行動する直感重視な人です。偏った思い込みを頑固さで貫き通そうとし、周囲を振り回してしまうことも。全エネルギーを勢いよく投下して、うまくハマれば成果を上げられるタイプですが、一度走りだすと周りを顧みずに暴走してしまう傾向も。行動する前には、他人の意見に耳を傾けることも大切だと心しておきましょう。

ACトップ型

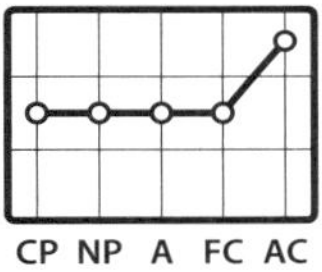

ストレス溜めすぎのイエスマン
気遣い
カメレオン人間

周囲に気を遣いすぎで、自分に自信がありません。主体性がなく、周囲の顔色ばかりを窺ってしまいがち。他人に批判されたり嫌われたりするのをなによりも恐れています。そのため、人間関係や仕事でかなりストレスが溜まってしまっている可能性も高いです。重要な決断でも他人に判断をゆだねてしまう傾向があります。注意しましょう。

Aトップ型

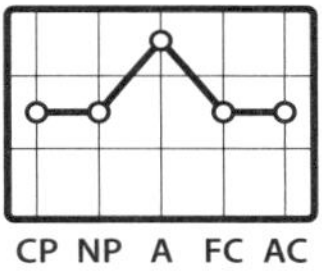

計算高い欧米人
頭キレキレ
冷血人間

非常に冷静でビジネスライクな人で、欧米などでは理想的とされる波形です。何事も白黒ハッキリさせることを好み、計画や計算に基づいて行動する傾向にあるようです。頭がキレるので、仕事では高い成果を上げることができるタイプの人です。ただ一方で、情やその場のノリに流されることはほとんどないため、周囲の人からは「クールな人」「融通が利かない人」と思われてしまいがちでもあります。

CPボトム型

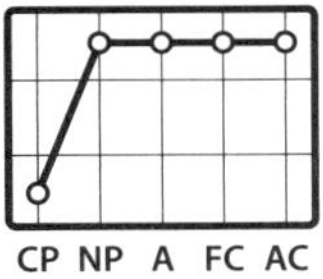

自分へのキビシさゼロ
空気が読める
詰め甘人間

明るくて社交的、かつ合理的思考能力の持ち主です。他人に対して優しく、周囲から好かれたり頼られたりすることも多い理想的な性格です。ひとつ欠点は、自己管理能力が低い点。ルールや常識などをあまり重視しないところがあるなど、ルーズな一面も。そのため大事なところで大きなミスをしでかしたり、最後のツメが甘かったりして、失敗してしまうことが多いです。

FCトップ型

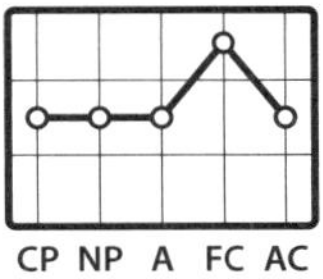

無邪気なハッピー野郎
自由すぎる
永遠のお子様

みんなでワイワイ遊ぶのが大好きな、明るく無邪気な子どものような人です。ノリがよくて、おしゃべりな人が多い傾向にあります。周りの人からは「能天気な人」と思われてしまうことも多いでしょう。とはいえ、周囲の空気をまったく読めないわけではなく、実は自分の周りにいる人を楽しませようと密かに努力をしています。非常に自由な人なので、常識にとらわれないクリエイティブな発想や発言で周囲を驚かせることも多いはずです。

FCボトム型

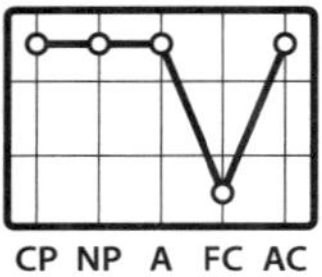

ストレスで弱ってます

真面目すぎて行動できない堅物人間

元気や明るさがなく、常にお疲れムードが漂っている人です。基本的には優しく、言われたことを忠実にやる勤勉さも備えていますが、おもしろみがないため、周囲の人からは「いい人だけど堅物でつまらない人」と思われることもあるでしょう。また、真面目で自己主張が苦手なうえに気分転換するのもへたなので、ストレス過多気味。疲れを感じている場合はゆっくり休みを取ることをおすすめします。

NPボトム型

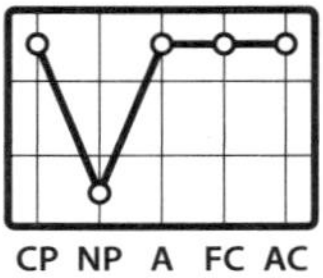

他人に興味ゼロ

感情なくしたアンドロイド

興味のある事柄に対してはまっすぐに突き進み、誰よりも情熱を注ぎ、成果を上げる人です。その一方で、自分にとって興味のないこと、イヤなことには見向きもしません。他人に対する優しさや情に欠け、周囲と調和する努力はほとんどしません。周りの人からは「冷たい人」と思われてしまいがちで、団体行動にはあまり向いていません。ある種、オタク的な性格の持ち主だといえるでしょう。

ACボトム型

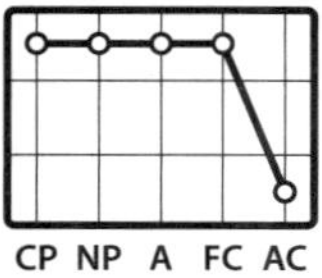

親分肌のオラオラ系

ストレスフリーの自信家人間

自信家で、自分の行動に迷いがない豪快な人です。明るくて周囲を気遣う優しさもあるため、多くの人に好かれます。また、合理的で自由な思考の持ち主で、自分で新たに道を切り開いていくのが得意です。それゆえ、経営者などに多い性格だといえます。一方、ルールや常識に縛られたり、誰かに理不尽に指図されたりするのを極端に嫌がる傾向があります。そのため大きな組織になじめず、苦労することも多いかもしれません。

Aボトム型

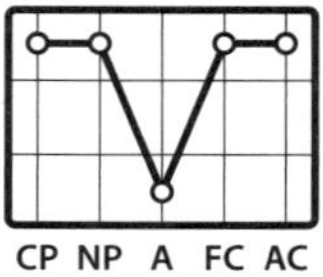

コントロール不能なトラブルメーカー

突拍子もない激情人間

基本的には明るくて、元気で、優しいよい人です。唯一の欠点は合理性や計画性に欠けるところ。直感的なインスピレーションはあるものの、自分の感情をうまくコントロールできないため、後先考えない突発的な行動で身を滅ぼす危険性があります。突然、他人のなにげない言葉にキレてしまったり、周囲に流されて悪ノリしてしまったりなど、自分の本来の意図とは違う行動を取ってしまうケースも多いので、くれぐれも注意しましょう。

波形ごとの性格傾向の違いを知る

27種類の波形タイプのうち、自分がどのタイプになるか。また、どんな性格傾向があるかがわかったと思います。

ここでは、「M型」「W型」「U型Ⅲ」についてもう少し詳しく解説を加えながら、波形の違いがどのように性格タイプの相違に反映されるかを見てみたいと思います。


まずは「M型」。

波形サンプルの通り、5つの指標のうち「CP（厳しさ）」と「A（論理性）」と「AC（協調性）」が低めで、「NP（優しさ）」と「FC（自由奔放さ）」が高いことがわかります。このタイプの人は、規律やルールに縛《しば》られることが本来好きではありません。ちょっとルーズな性格です（CPが低い）。また、あまり計算高さはなく（Aが低い）、素直で自己主張や自己表現をするのが得意なタイプでもあります（ACが低い）。

その一方で、優しくて面倒見がよく（NPが高い）、ノリがよくて明るいので（FCが高い）、いろいろな人から好かれて、友達も多い

M型

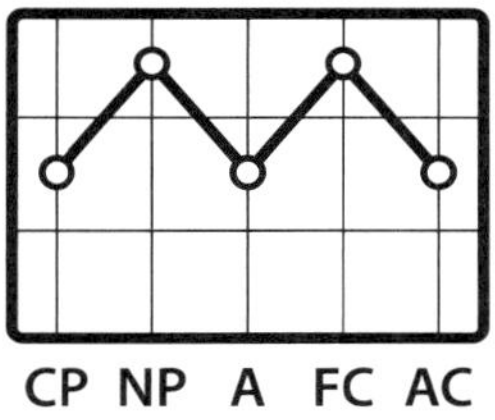

タイプといえるでしょう。実際に、友達が多くて飲み会などでもよく幹事を務めるような「ムードメーカー的な存在」の人に多い波形です。

次に、この「M型」と正反対の「W型」の波形を見ていきましょう。

それぞれの指標を見ると、「CP（厳しさ）」と「A（論理性）」「AC（協調性）」が高く、「NP（優しさ）」「FC（自由奔放さ）」が低いことがわかります。

この波形の人は、ルールや一般常識を重視します。他人にも自分にも厳しい人が多く（CPが高い）、合理的で感情よりも理性を重視し（Aが高い）、組織や他人との歩調を乱すことを嫌います（ACが高い）。その一方で、優しさには少し欠けていて、他人の感情を慮《おもんぱか》るのが苦手。そのため周囲の人からは冷たい人だと思われてしまいがち（NPが低い）。

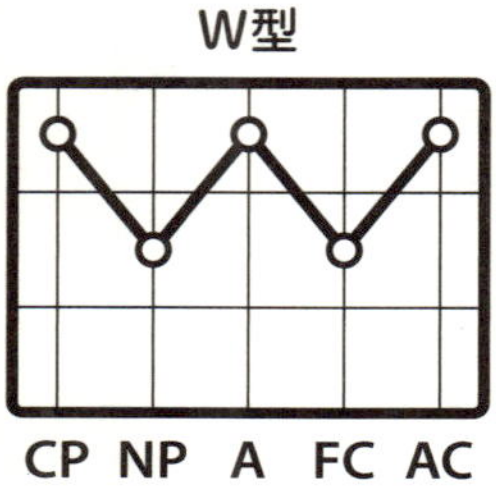

周囲からはややとっつきにくいと思われてしまうこともありますが、ストイックで、じっくり物事に取り組む、堅実な人に多い波形といえるでしょう。
そして、現在、日本人に一番多いと思われるのが、「U型Ⅲ」です。僕たちのデータでは、２０１５年現在、日本人の10・3％がこの

U型Ⅲ

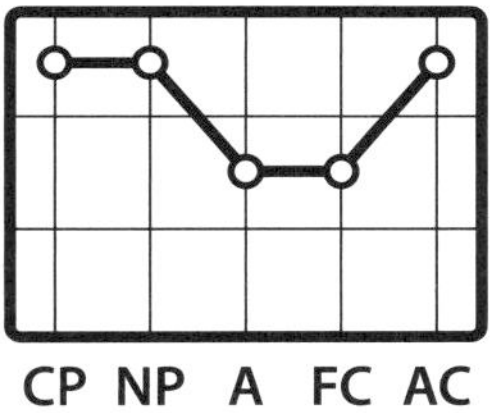

波形だと考えられます。

5つの指標を見ると、「CP（厳しさ）」と「NP（優しさ）」「AC（協調性）」が高くて、「A（論理性）」と「FC（自由奔放さ）」が低いという特徴があります。完全なアルファベットの「U」字型ではなく、右に寄ったような形になっているという特徴があります。

ルールや一般常識を重視し（CPが高い）、周囲との調和を大切にする（ACが高い）と同時に、保守的という傾向があります。その一方で、優しく献身《けんしん》的な性格で（NPが高い）、FC（自由奔放さ）が低いことから落ち着いた大人の振る舞いをします。NOと言えない性格でもあります。

このタイプの人は、自分のこだわりを持っているのに、面と向かって言いたいことを言えず、また、自分のキャパシティ以上に頼まれごとを引き受けてしまいがち。忍耐強いけれども、ストレスを溜めやすい傾向があります。

さらに、こうしたデータを集めていくと、集団単位の性格傾向も調べることができます。たとえば、実際にすでに僕らが行っているのは、地域とディグラムを掛け合わせた「県民性」調査。各都道府県単位でディグラム分析をすると、県民の特徴（県民性）が浮かび上がっ

「異性に告白するほうだ」

（%）

全体			男性			女性		
1位	新潟県	28.7	1位	新潟県	40.5	1位	山形県	23.0
1位	山形県	28.7	2位	宮崎県	37.6	2位	山梨県	21.6
3位	茨城県	27.9	3位	大阪府	37.5	3位	茨城県	20.9
4位	沖縄県	27.6	4位	兵庫県	37.4	4位	沖縄県	19.5
5位	東京都	26.9	5位	神奈川県	37.0	5位	宮城県	18.0
5位	静岡県	26.9	6位	静岡県	36.9	6位	新潟県	17.9
5位	神奈川県	26.9	6位	三重県	36.9	7位	群馬県	17.6
5位	三重県	26.9	8位	東京都	36.7	8位	三重県	17.5
9位	群馬県	26.2	9位	沖縄県	36.1	8位	東京都	17.5
10位	大阪府	25.9	10位	愛知県	35.5	8位	福島県	17.5

38位	鹿児島県	21.0	38位	青森県	30.0	38位	徳島県	13.1
39位	宮崎県	20.8	39位	富山県	29.8	39位	滋賀県	12.8
40位	山口県	20.6	40位	香川県	29.5	39位	長野県	12.8
41位	岐阜県	20.5	41位	大分県	29.0	41位	大分県	12.1
42位	島根県	20.1	42位	長崎県	28.4	42位	山口県	9.7
43位	大分県	20.0	43位	山梨県	28.2	43位	岐阜県	9.3
44位	栃木県	19.5	44位	鹿児島県	25.4	44位	愛媛県	8.8
45位	佐賀県	18.7	45位	島根県	24.9	45位	香川県	8.7
45位	鳥取県	18.7	46位	佐賀県	24.8	46位	栃木県	7.1
47位	香川県	18.5	47位	鳥取県	20.1	47位	宮崎県	6.3

（全国約3万2000人インターネットリサーチより）

てくるのです。

たとえば、東京都。東京に住む人は「日本で一番人に嫌われたくない性格」が多く、何事もソツなくこなすタイプが多く、逆に個性が薄い人が多いようです。一例を挙げると、日本で最も恋愛に貪欲《どんよく》なのは、実は新潟県民という結果が。積極的で、「とりあえず口説《くど》いてみる」といったようなガツガツした肉食系が多いようです。

この調査に関しては、全国の統計データを集めた『47都道府県ランキング発表！　ケンミンまるごと大調査』（文藝春秋刊）という本に詳しくまとめていますので、ご興味のある方はぜひこちらも読んでみてください。

エゴグラムを活用する3つの理由

見てきたように、ディグラム診断のベースはエゴグラムです。数多くの心理学理論があるなかで、なぜ僕がこのエゴグラムを使用しようと思ったのか。それにはいくつか理由があるのですが、大きくは次の3つです。

①エゴグラムが有名だったから

心理学のなかには、エゴグラム以外にも多数の理論や診断法が存在します。そのなかで僕があえてエゴグラムを使おうと思ったのは、単純すぎて怒られそうですが、「エゴグラムが有名な理論だったから」という理由があります。

有名、ということは、より多くの人に使われている、ということでもあります。実際、エゴグラムに関する文献や論文はほかに比べて量が多く、それだけ多数の人が研究しているのであれば、信憑性も高そうだし、参考にできるデータも多いのでは……と考えたのです。

②エゴグラムは「性格のゆらぎ」を観測できるから

エゴグラムは、「その瞬間の人の心理状態を切り取る」という性質を持っています。

みなさん経験があると思いますが、上司やクライアントから怒られた後と褒《ほ》められた後とでは、同じ人物でも全く心理状態が変わります。ここからもわかるように、人の性格や心理状態というのは必ずしも固定的ではなく、時、場所、環境に応じてどんどん移り変わっていくもの。ディグラム診断では、そのような人間の「ゆらぎ」も観測したいと考えていました。エゴグラムのように「そのときの感情」を切り取れる心理テストが、一番イメージに近かったのです。

③単純に自分でやってみて一番よかったから

ディグラム診断を作り上げる過程で最初にしたことは、あらゆる心理学のテストを自分で試してみるということでした。「自分でやってみて、一番当たっているものが合っているんじゃないか」と、素人《しろうと》の浅知恵かもしれませんが、考えたのです。そこで、YG性格診断テストやEPPS性格検査、ロールシャッハ、フロイト心理学、ユング心理学、アドラー心理学……数えきれないほど試しました。家族や友達、知り合い、同僚にもやってもらいました。そのなかで一番「当たっている」という感想が自他ともに得られたのが、エゴグラムだったのです。


ちなみに、正式なエゴグラムのテストは、さまざまな種類があり、その質問数は50問を超えるものも少なくありません。

でも、あまりにも問題数が多くなってしまうと答える側の負担が大きく、途中で面倒になって続かない人が出てくるかもしれません。また、「はい」か「いいえ」の一方だけをひたすら答える人が出てくる可能性もあります。そこで、「なんとかもっと質問数を減らして、答えやすくできないだろうか？」と考えました。

質問数を減らせば、それだけ相手の性格を知るためのヒントが少なくなり、精度が落ちるリスクもある。少ない質問数で、効率よく、正確にタイプを見極めることはできないか――。

そこで、僕がまずやったのは、エゴグラムの質問を吟味《ぎんみ》して重複すると思われる質問を極力まとめたり、質問をつなげたりして、削除していくことでした。そして、現在の20問の質問が完成しました。

同時に、エゴグラムの診断時に浮かび上がる性格と、20問のときに浮かび上がる性格とで、どのくらいの乖離《かいり》があるかを調べました。すると、その整合性は7割ほどでした。

正直なところ、100％には届いていません。でも、質問数を少なくして答えやすくすれば、より多くの人に回答してもらえる。それだけ多くのデータを集めることができるようになります。そのため、約3割の誤差には目をつぶることにしました。

こうして、現在の診断法を確立していったのです。


性格の見える化で人生が変わる！


このディグラム診断を使うと、どのようなことができるのか。また、人の性格を可視化することで、どのようなことが起こるのでしょうか？

僕が考えるに、ディグラム診断を活用することによるメリットは、大きく5つに分けられると思います。

①人生の戦略を立てることができる

自分の現時点の性格を客観的に俯瞰《ふかん》してみることで、恋愛や仕事、家庭生活などさまざまな場面で戦略を立てやすくなります。たとえば、「モテたい」というのならば、いまよりモテるための方法を知り、実際にそうなることができるようになるでしょう。

②セルフカウンセリング&自分のチューニングができる

「ストレス過多《かた》でつらいとき」や「うまくいかない状態に陥《おちい》ったとき」などに、自分の性格をチューニングすることができます。理想の自己像がある場合は、それに近づいていくことも可能になります。

③人間関係が円滑《えんかつ》になる

自分とは違う性格である「他者」を理解することで、「相手は自分を嫌っているかも」などといった思い込みによる悩み、ストレスが軽減します。また、相性が悪い人とも円滑なコミュニケーションをはかることができるようになります。

④自分に合った「モノ」と「コト」を選択できる

技術発展、情報量の多さから、良さそうなものがたくさんあって選択に迷ったら、自分の性格に合ったモノ・コトの選択ができるようになります。たとえば、自分と同じ性格タイプの人がリラックスできる「香りアイテム」を選択したり、「ストレスから解放される旅行先」を選択したりすることが可能になります。

⑤人生のパートナーを得ることができる

自分の性格と相手の性格の相性をはかるメソッドを使うことで、長く寄り添えるパートナーを見つけられるようになります。そして、長い人生で起こるさまざまな出来事によって性格が変化するなかで、その都度お互いの性格を確認し、理解し合うこともできます。年齢を重ねるほどに仲が深まるような、理想の夫婦になれるはずです。

さて、ここまではディグラム診断とはどういったものなのか、また、どのように心理学が関わってくるかを解説しました。次章では、ディグラム診断において心理学と双璧をなす重要性を持つ「データ」部分について、ディグラム・ラボのデータ解析担当の青山典嗣が分析していきます。

第2章　ディグラム・データはこんなにすごい！——青山典嗣×ディグラム・ラボ

「データ」には2種類ある！

ここまで説明してきたように、ディグラム診断の根幹には、エゴグラム（Egogram）による心理学に加え、「データ」による統計分析が大きく影響を与えています。ディグラム診断の実践的な活用法の説明に入る前に、ディグラムの基礎となるデータ解析について、もう少しお話ししたいと思います。

そもそも、データとはなんなのか。

現在、世間で使われているデータは大きく分けて2種類あります。ひとつは、購買データなどの「記録的データ」です。これは、人間が活動していくなかで自然と溜まっていく「ライフデータ」のようなものです。そしてもうひとつが、「アンケート調査データ」と呼ばれるデータ。リサーチ会社などがアンケートを投げかけ、回答者に答えてもらって集めるデータです。

記録的データ＝ビッグデータ

前者の「記録的データ」とは、たとえばレジのＰＯＳシステムやＳｕｉｃａのようなＩＣカードが代表的なものだといえます。あなたが買ったもの、乗った電車やバス、日々の行動が、すべてデータとして記録されていきます。これが何万人、何十万人単位で集積したものが、昨今話題の「ビッグデータ」です。大量のデータを解析し、傾向や流行を導きだして、ビジネスや社会サービスの向上に役立てていきます。

ビジネスであれば、日本中にあるコンビニエンスストアやスーパー、百貨店などのレジから上がってくるＰＯＳデータを分析し、順序立てることで、「夕方になると、このスーパーで肉の売れ行きがよくなる」「あの地域のドラッグストアではスタミナドリンクが売れる」「20代女性が一番購入している商品はこのキャンディだ」といった情報を引きだし、活用できるであろうことは想像に難《かた》くないと思います。

そして、ビッグデータの活用をさらにもう一歩進める作業を「データマイニング」と呼びます。これは、ビッグデータを分析して、そのなかから特定のルールやパターン、法則性などを見つけだすことを指します。

有名なのが、１９９２年に「ウォール・ストリート・ジャーナル」に掲載された「おむつとビール」のケースです。

アメリカの大手スーパーマーケットチェーンが販売データを分析したところ、中西部にある某店では、午後5時から7時の間に紙おむつを買う人は、同時にビールを買う可能性が高いことがわかりました。そこで、試しに紙おむつとビールを並べて置いたところ、やはり売り上げが増えたのです。

これは、子どものいる家庭では、夕方頃に妻が「かさばる紙おむつを買ってきて欲しい」と夫に頼み、お店にやってきた夫はついでに缶ビールも買っていくため……といわれています。もしかしたら、たまたまこの地域には若い夫婦が多くて、おむつを必要とする家庭がスーパーの近くにたくさん住んでいたのかもしれません。

因果《いんが》関係がわかれば、「なんだ、そんなことか」で済まされてしまいそうな話ではありますけれども、店舗でお客の様子を見ているだけではわからなかったでしょう。このように大量のデータを分析することで初めて、それまで誰も気づかなかったパターンや法則性を発見することができるようになるのです。


ビッグデータを利用した取り組みはいろいろ行われています。たとえば、Ｇｏｏｇｌｅ検索の予測変換などもその一種といえます。

利用したことのある人ならご存じだと思いますが、検索バーにキーワードを打ち込むと、次のキーワードを打つ前に、次の単語を予測して表示してくれます。

どうしてこんなことができるのか。それは、各ユーザーが検索した際、あるキーワードの次にどんなキーワードを打ち込んだのか膨大《ぼうだい》なデータを集め、蓄積し、そこから一定の法則をリアルタイムで導きだしているからです。

たとえば、「ディグラム」とＧｏｏｇｌｅの検索バーに打ち込むと、その後に「ラボ」「県民性」「天職」「木原」などといった単語が自動的に浮かび上がってきます。「『ディグラム』で検索する人は、『ラボ』『天職』『木原』などのキーワードを検索することが多い」と、Ｇｏｏｇｌｅ側が分析しているためです。

ビッグデータから法則性を見出す

ビッグデータは現在、海外を中心に、さまざまなものに使用されています。たとえばスウェーデンでは、ビッグデータを用いて「理想の家」が作られたことがあります。スウェーデン最大の人気不動産サイト「Ｈｅｍｎｅｔ」のユーザーから集めた「自宅の広さ」や「価格」「部屋数」「階数」などといったデータをもとに、建築家が「スウェーデン人が求める理想の家」を実際に作ったのです。

日本でも最近、人気アイドルグループのＡＫＢ48の「総選挙予測」にビッグデータが使われました。これは、デジタルマーケティングを行う「ルグラン」という会社が、２０１５年2月1日から4月17日にかけて、「2ちゃんねる」「ブログ」「ツイッター」など、インターネット上のＡＫＢ48の立候補者に関する書き込み数のデータを調べ上げ、それをもとに順位を予想し、発表したものでした。話題になったので、ネットニュースなどで見た！　という方も多いと思います。

また、SNS（ソーシャル・ネットワーキング・サービス）の発達で、「このユーザーはどんな発言が多いのか」「どんなタイプの人と仲がいいのか」といったデータを取ることも可能になっています。

ディグラム・ラボ代表の木原がmixi（ミクシィ）に在籍していたときの話です。

SNS上のさまざまなコミュニティを観察していて、「その人がどんなコミュニティに属しているか」を確認してみたところ、その人の趣味嗜好まで浮かび上がってくることに気づきました。たとえば、とある日本を代表するマスコットキャラクターのコミュニティに参加している人は、なぜか「茨城県」のコミュニティにも入っている人が多い。そして、「痛車《いたしゃ》（アニメやゲームのキャラクターが描かれている車）コミュニティ」に入っている率も高いという結果になったそうです。

いったいどんなつながりがあるのか、頭で考えてもすぐには思いつきませんが、データ上、関連性があることはほぼ間違いありません。

これをマーケティング的に使用するとしたらどうでしょう。たとえば、そのマスコットキャラクター関連の商品を販売することになり、その広告を打ちたいという状況になったとき——。ビッグデータから、痛車コミュニティと茨城県民コミュニティには絶対にその商品の広告を出したほうがいい、と判断することができます。たとえ因果関係は不明でも、効果が期待できるでしょう。

このように、大量のデータから何かしらの法則を見つけだし、目的に応じて活用する。これがビッグデータの使い方のひとつといえます。

ただ、個人的な意見ですが、ビッグデータについては、まだまだ疑問点も多いというのが正直なところです。

実際、アメリカに本社を置くＩＴコンサルティング会社、ガートナー・ジャパンの２０１４年の調査によれば、日本ではビッグデータへの認知度は高いものの、過半数の企業がビッグデータを「ＩＴ企業の流行言葉のひとつ」として、一過性のものと見なしているようです。また、48％の日本企業が「ビッグデータから価値を得る方法がわからない」と回答しています。

データ分析の結果は、たしかにデータの量が増えれば増えるほど精度が増します。けれども、ビッグデータはあくまで「溜まっていったデータの集積」でしかありません。その膨大なデータのなかから、いかに価値のあるものを見つけるかが本当の勝負。まるで砂場に落ちている一粒の砂金を探すかのように、発見には非常に手間がかかり、かつ、砂金と思ったものが必ずしも本当に価値あるものとはかぎらないというリスクも秘めています。

ビッグデータを本当の意味で上手に活用できるようになるには、まだまだ課題が多いといえるでしょう。

積極的なデータ＝アンケート調査

さて、もうひとつが「アンケート調査データ」です。これは、いま見たビッグデータとは違い、一般的に調査会社と呼ばれる企業体が、大量にアンケートなどを投げかけて収集するデータです。市場データ（ビッグデータ）がある意味、自然発生的なデータ収集法だとすると、「アンケート調査データ」は、こちらが知りたい質問を回答者に投げていくため、より積極的な調査方法といえると思います。

これまで僕（青山）自身が在籍していたマーケティングリサーチ業界では、このような「調査データ」を主に扱ってきました。

こうしたデータは、いったいどのようなところで使われているのでしょうか。

テレビコマーシャルなどではよく、「1万人の人が食べて、80％の人が『おいしい』と回答！」「1000人の女性のうち990人が、この商品を選びました！」などというキャッチフレーズが使われます。実はこうした数値は、だいたいこの「アンケート調査データ」を元にしています。調査対象は数百人前後。多くても1000人程度で、母数はビッグデータには負けます。

データの精度を上げていくには、やはり集計データの「数」が重要です。回答者数が100人ぐらいだと、偶発的な要因などで誤差が生じるなどして、なかなか正確なデータを得られないことがあります。理想をいえば、リアルに数万人単位での調査をすると、精度をかなり高めることができます。

ただし、問題は「お金」。調査のたびに回答者たちに謝礼を支払う必要があるため、数万人単位のアンケート調査ともなると、1回の調査で数百万～数千万円単位の費用が発生してしまいます。そのため、やりたくても調査ができない……ということになりがち。そうした理由もあって、通常のマーケティングリサーチの予算内で行われる調査は、回答者の母数は1000人前後がポピュラーといえるでしょう。

次に、どうやったら偏《かたよ》りのないアンケートデータを獲得できるか。アンケート対象の母集団（調査対象の集団）全員からアンケートを取ることができれば、確実に整合性のあるデータが手に入るはずです。しかし、「全国の男性」「全国のサラリーマン」など、何百万、何千万人規模の対象者からデータを取るのは、コストや手間の問題を考えるととても現実的とはいえません。そこで事前にある程度、母集団のモデルを推測してからデータを収集することで、実際の数値と近づけていくことができます。

アンケートの対象が絞《しぼ》られていれば、話は簡単です。「東京の女子高生の間で流行《はや》っているキャラクターを知りたい」という調査だったとします。この場合はＯＬやサラリーマンなどはなから対象にならないので、単純に東京に住んでいる女子高生にアンケート調査をかければＯＫ。ただ、その場合、住んでいるエリアや通っている高校のランク、普段遊んでいる場所などによって回答が変わってくる可能性もあるので、属性による偏りがないように注意する必要があります。

仮に、「日本人が好きなのはどういうコーヒーか？」をアンケートで調べようとしたとします。その場合、日本人全員に対して調査するのは難しく、現実的に限られた人数からしか回答が取れませんから、「誰からアンケートを取るか」が非常に重要になってきます。

たとえば、ランダム性を考慮せず、無作為《むさくい》に１０００人にアンケートを行うと、「たまたまそのなかに多かった層の声が多数派になってしまいます。しかし、「30代東京都出身のＯＬ」と「50代大阪府出身の男性サラリーマン」とでは、趣味嗜好がまったく違います。回答者のなかにたまたま30代東京都出身のＯＬが多かったら、もしかしたら健康志向のオーガニックコーヒーが人気になるかもしれません。一方、たまたま50代大阪府出身の男性サラリーマンが回答者に多かったら、渋《しぶ》みの強いブラックコーヒーが1位になるかもしれません。

ここからもわかるように、「アンケート調査データ」においては、「誰から回答を得るか」「どういうカテゴリー分けをしていくか」が非常に重要です。そのためこの調査なら、日本人全体の年齢や性別などの構成比率に沿うような形で回答者を選んでいくことで、回答の偏りを少なくすることができます。

また、調査のアンケート対象をある程度推測することで、全体の傾向からのズレを小さくすることが可能になります。たとえば、A社のお菓子の認知度を調べるアンケート調査データを取り、その結果、認知度が80％ぐらいだったとします。母集団を推測して回答者の偏りが起きないようにしておくと、実際の認知度もだいたい同じくらいで、ほぼ正確なデータを取れるようになっていきます。

米大統領選挙で勝者の予測対決

この「データを取るときは、なるべく母集団と近づけたサンプリングを行うと成功する」という事例として代表的なのが、１９３６年のアメリカ大統領選挙です。

このときの候補者は、民主党がフランクリン・ルーズベルト、共和党がアルフレッド・ランドンでした。「2人のうち、どちらが大統領選に勝つか」を、「リテラリー・ダイジェスト」誌とギャラップ社が予想しました。

「リテラリー・ダイジェスト」誌はランドンの勝利を予想。こちらは、自動車登録者リストや電話加入者リストから抽出した２５０万人のサンプルを使いました。一方、ルーズベルトの勝利を予想したのがギャラップ社。こちらは、「リテラリー・ダイジェスト」誌の２５０万人に比べると大幅に少ない3000人のサンプルをもとに推測しました。

では、いったいどちらが勝利したのでしょうか？　それは、われわれ日本人もよく知るルーズベルトでした。

しかし、250万人ものサンプルを取っておきながら、「リテラリー・ダイジェスト」誌はなぜこの結果を予想できなかったのでしょうか？　これには「サンプル抽出《ちゅうしゅつ》の落とし穴」が隠れていたのです。

「リテラリー・ダイジェスト」誌がサンプル対象としたのは、自動車や電話回線を所有している人たち。当時、自動車や電話は、まだまだ一部の富裕層しか持っていないものでした。その結果、「リテラリー・ダイジェスト」誌のサンプル対象は、人口の構成比に比べ、富裕層に極端に偏っていたのです。結果、当時富裕層の間で支持者が多かった共和党のランドンに有利な結果が出てしまった、というわけです。

ちなみに、このときにギャラップ社が使ったのは、「割り当て法」というもので、選挙権を持つアメリカ国民を住んでいる地域や性別、収入の割合などによって分類し、それぞれのグループをなるべく人口比に近い形で抽出するというものでした。結果として、選挙権を持つすべてのアメリカ国民という母集団に近い形で、サンプルを取ることができたのです。

ネット時代のアンケート調査

「回答者をどういう構成にするのか」

「どれだけ多くの人に答えてもらうか」

これが、従来のアンケート調査における大きな課題でした。以前は訪問面接調査といって、直接家にお邪魔してアンケートに答えてもらったり、電話調査など電話ごしに直接回答をお願いしたりする方法が一般的でした。ほかに、ファクシミリや郵送でアンケート用紙を送って、そこから回答をしてもらうなどの間接的な手法も使われていました。

ところが、インターネットが普及したことで、ここ10〜15年の間に、アンケート調査は一気にネットを使った方法が主流になっていきました。

以前は電話をしたり、訪問したり、ファクシミリを送ったりと手間がかかっていましたが、いまではスマホやパソコンからインターネット経由で簡単に答えられるようになりました。アンケートに答えれば換金可能なポイントがもらえるアンケートサイトも登場し、サラリーマンや主婦のなかには、小遣い稼《かせ》ぎに利用する人も出てくるようになりました。

コストが大幅に削減され、かつ、誰もが自由な隙間《すきま》時間に答えられるようになったため、アンケート調査は以前よりも格段にやりやすくなった、と思います。ただ、その一方で新たな問題も生じました。ネットを使いこなす人や小遣い稼ぎ目的の人など、ある特定の層だけが回答者になって調査対象者が偏ったり、バイアスがかかったりするケースが顕在化したのです。

こうした過渡期もありましたが、近年では一般にも広くインターネット機器が普及しています。平成25年度「情報通信白書」（総務省）によれば、平成24年末のインターネット利用者数は、平成23年末より42万人増加して９６５２万人（前年比０・４％増）、人口普及率は79・５％（前年差０・４ポイント増）にものぼるなど、日本の総人口にかなり近づいている状況です。利用者のＩＴリテラシーも向上し、かつてはパソコンを使わなかったような中高年層や若年層（中学生や高校生など）からも回答が得られるようになって、アンケート回答者の母数はかなり増えています。

インターネットでのアンケート調査は、以前に比べ着実に、簡単でコストもかからなくなり、かつ、より幅広いバックグラウンドを持つ人たちからサンプルを採取することが可能になってきているといっていいでしょう。

大量のデータの中に因果関係が

そして、ディグラム診断は、現在は「アンケート調査データ」をメインの調査方法として活用しています。

具体的にはまず、20問からなる共通の質問事項に答えてもらい、ほかにその人の趣味嗜好、行動の特徴などに関するアンケートをかける「クロス集計」と呼ばれる手法をよく使います。

その一方で、ディグラム診断の場合、これまでアンケートデータとしてリサーチしたのはのべ37万人超、対面による診断は数千人にのぼります。ディグラム診断サイトやアプリからの診断回数は９００万回以上に達します。回答母数が非常に多いため、ある意味、「ビッグデータである」ともいえます。そのためディグラム診断は、マーケティングリサーチ業界では数少ない「母数が多いビッグデータ型のアンケート調査」を活用している……といえるかもしれません。「波形」という軸で、その人の性格や好きなもの、行動パターンについて、アンケート調査でここまでデータを取り続けているのは、おそらく僕らディグラム・ラボだけでしょう。

そして、ディグラム・ラボでは、いまも随時５０００人から数万人単位におよぶ人々を対象にアンケートを実施しているのですが、その際は必ず、「波形」を指標として用いるようにしています。そして、27パターンの波形に区分けされた人たちがどんな行動を取り、どんなものを好むのか、徹底的にデータを取り続けています。

その結果、たとえば、「M型」と診断された人の30％が「チョコレートが好き」と答え、「W型」と診断された人の10％が「チョコレートが好き」と回答したとします。すると、「M型の人はW型の人に比べて、チョコレートを好む傾向がある」などと、波形別の特徴を浮き彫りにする

0〜9まで、選ぶ数字はみんな違う！

「0」を選択した人→2.4%	「5」を選択した人→12.6%
「1」を選択した人→5.1%	「6」を選択した人→6.2%
「2」を選択した人→9.3%	「7」を選択した人→23.1%
「3」を選択した人→18.5%	「8」を選択した人→11.8%
「4」を選択した人→7.5%	「9」を選択した人→3.5%

（※5000人を100%とした場合）


ことが可能になるのです。

また、嗜好や行動パターンからその人の性格を引きだすこともできます。

たとえば、２０１５年のことですが、全国男女20〜59歳、５０００人を対象に、「０〜９の数字のなかから、自分の好きなものをひとつだけ選択してもらう」という調査をしたことがあります。数字の選び方に偏りや特徴的な傾向はないか、また、好む数字と行動パターンになんらかの相関関係がないかをリサーチしようとしたのです。

単一回答形式で、選択肢は０〜９までの10種類。すべての選択肢が同じ数だけ選ばれるのなら、その割合は10％ずつできれいに並ぶはずです。しかし、やはり個々人の趣味嗜好が反映されるので上の表のような結果となりました。

一番多かった数字は「７」で、選んだ人の割合は23・１％。次いで多いのは「３」で18・５％と、「７」「３」だけで全体の40％超を占めています。

Q あなたは、「A」と「B」のどちらにあてはまりますか。それぞれ近い方をお選び下さい。
【A：ひとりでラーメン屋さんに入ることができる ⇔ B：ひとりでラーメン屋さんに入ることはできない】（単一回答形式）

		該当人数（人）	A：ひとりでラーメン屋さんに入ることができる	B：ひとりでラーメン屋さんに入ることはできない
全体		5,000	47.4%	52.6%
好きな数字別	好きな数字「0」	120	51.7%	48.3%
	好きな数字「1」	253	50.2%	49.8%
	好きな数字「2」	464	38.1%	61.9%
	好きな数字「3」	927	47.4%	52.6%
	好きな数字「4」	375	56.8%	43.2%
	好きな数字「5」	630	44.6%	55.4%
	好きな数字「6」	311	48.6%	51.4%
	好きな数字「7」	1,157	47.6%	52.4%
	好きな数字「8」	588	46.8%	53.2%
	好きな数字「9」	175	53.7%	46.3%

それでは、これらの数字を選択した人はどのような行動をするのでしょうか？　一例として、「ひとりでラーメン屋さんに入れるか」を訊《たず》ねた単一回答形式の2択質問への回答結果を挙げます。

表を見るとわかるように、好きな数字として「4」と「9」を選んだ人は、「ひとりでラーメン屋さんに入ることができる」という回答が、全体値（47・4％）と比べて5％以上高いです。一方、好きな数字「2」を選んだ人の61・9％が「ひとりでラーメン屋さんに入ることができない」と回答していて、全体値（52・6％）と比べると10％近く上回っています。

この結果から、「4」と「9」を好きな数字に選んだ人は、ほかの数字を選んだ人よりも「ラーメンに対して積極的である」という様子が見て取れます。また、「2」を選択した人は逆に、「ラーメンに関して消極的」といった推測が成り立ちます。

こうした結果から、「好きな数字」と「ラーメン屋にひとりで入るor入れない」という事象に「相関関係があるのでは？」という仮説を立てることができるのですが、もちろんこれだけで、「4」「9」を選んだ人がラーメンに対して積極的だと判断するには、データの根拠がやや弱い印象は否《いな》めません。数字の「4」と「9」を選ぶ人は、ひとりでラーメン屋さんに入ることができる可能性が高いだけかもしれません。また、「ひとりでラーメン屋さんに入ることができる」人は好きな数字として「4」「9」を選ぶ可能性が高いのかもしれません。ほかの回答と重ね合わせながら、さらに推測と分析を深めていくことができます。

こうした調査を、ディグラム・ラボでは年に何十回となく実施していて、そのたびに新しいデータが蓄積されていきます。

通常の性格診断は、一度パターンを作ってしまえば、そこで完結するものが多いと思います。しかし、人の価値観や行動は時代とともに変わります。世の中の平均値も変わっていくのです。ディグラム診断の場合、常時データを蓄積して診断の基礎となるデータベースを更新していくので、常に時代背景やトレンドが加味された診断結果をフィードバックできる、というわけです。

75・5%が1年で性格が変わった

ところで、診断結果＝性格タイプは常に一定なのでしょうか？

答えは「ノー」です。

人の性格というものは、その時々のシチュエーションや置かれた状況によって大きく左右されます。数日、数時間、あるいは数秒で、人の性格は変化してしまいます。まるっきり別人になるわけではありませんから、性格はゆらぐ、といったほうがいいかもしれません。

「じゃあ、ディグラム診断なんて役に立たないじゃないか」という声も聞こえてきそうです。けれど、仮に性格に変化があったとしても、そこには「程度」が存在します。１００％完全に当てることは無理でも、80％、あるいは90％の精度で言い当てることならできます。

ゆらぎがある部分も含めて人間。だから、おもしろいのです。


ディグラム・ラボでは２０１２年の創業直前から、毎年5万〜6万人規模で行っている調査があります。

この調査では、「同じ被験者の波形の推移」についても調べています。その結果わかったのが、以前と違う波形になった人が全体の75・5％もいる、という事実でした。つまり、75・5％もの人が、1年の間に性格を変えていることになります。

もちろん、1年前と正反対の性格（波形）になったという人はほとんどいません。明るくて自由奔放《ほんぽう》で社交的な性格だった人が、突然ネガティブで他人との交流を行わない引きこもりになる……などということは、ほとんどありません。

そうではなくて、5つの指標のうちのどれかが上がったり下がったりして、もともとの自分の波形には近いものの、27パターンのうち別の波形になった、という人が大半でした。

性格は変化しやすいものである一方、余程のことがない限り劇的に変わることはない。だからこそ、診断の「指標」として役に立つのです（ちなみに、頑固《がんこ》で落ち着いた波形である「W型」や「U型Ⅲ」などの波形の人は、性格に変化が生じにくいようでした）。

見方を変えると、「人間は、まったくの別人になることはできないが、意識すれば、自分の力で性格的特徴を一定程度、変化させることができる」といえます。

次章で詳しく説明しますが、こうした人間の変化する能力を活用することで「いまよりもっと自己主張できる人間になりたい」「もっと場の空気を読んで、気の遣える人間になりたい」といった具体的な悩みから、「なぜか人とうまくコミュニケーションが取れない」「なぜか恋愛がうまくいかない」「仕事で評価されていないような気がする」といった感覚的な悩みまで、ディグラム診断を使って解決していくことができるのです。

第3章　ディグラムで自分の性格をチューニングする！——木原誠太郎×ディグラム・ラボ

ディグラム診断の使い方・実践編

さて、ここからはいよいよ、より実践的な「ディグラム診断の使い方」について説明していきます。

ディグラム診断で明確にできるのは、「その人の現在の性格パターン」です。そして、それぞれの性格ごとに特有の悩みがあり、性格に合った対応策があると僕は思っています。

誰もが「自分の悩みは唯一無二《ゆいいつむに》のものだから、27パターンなんかで分類できるわけがない！」と感じると思います。たしかに、個別の詳細な部分はすべての人に当てはめられるわけではありません。でも、「だいたいの悩みの種類」と「その対策」に関しては、僕らが持っているディグラム診断のデータベースでおおまかに分けることができます。

とくに重要なのは、第1章でもお話ししたように、ディグラム診断の波形の指標となっている「CP（厳しさ）」「NP（優しさ）」「A（論理性）」「FC（自由奔放《ほんぽう》さ）」「AC（協調性）」の5つの要素です。全体のバランスはもちろん、自分のなかの各要素の割合を変えていくことによって、いまある悩みを解決できるケースも少なくありません。

繰り返しになりますが、人の性格は努力次第で変えることが可能です。さらに、人の性格は

「行動」に密接に結びついているため、自分の日頃の行動に少し変化を加えるだけで、５つの指標のバランスを調整することができるのです。

たとえば、「自分は『日頃から落ち着きがなくて、他人に迷惑をかけてばかりいる』と言われてしまう……」と悩んでいる人がいたとします。その場合、「ＦＣ（自由奔放さ）」が突出して高く、「Ａ（論理性）」や「ＮＰ（優しさ）」が下がったＦＣトップ型（41ページ参照）の性格タイプである可能性が高いと思われます。

そこで、「Ａ（論理性）」と「ＮＰ（優しさ）」を少し上げてバランスを取ることを目指します。すると、突飛《とっぴ》なアイデアを出せるクリエイティブな一面を残す一方で、周囲への気配りもできて計画的に物事を進めることができる「台形型Ｉ」（37ページ）という理想的な波形に近づけることができます。


FCトップ型が台形型Ⅰに変化する！

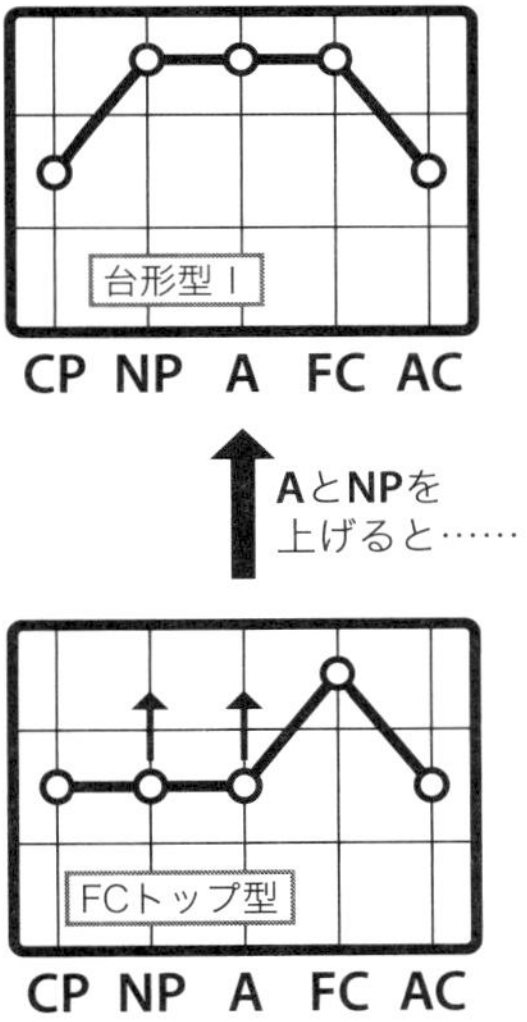

また、たとえば「自分は自己主張するのが苦手で損をしている」と思い悩んでいる人の場合、周囲の顔色を窺《うかが》いすぎて、自分を抑え込んでしまう傾向にあると考えられます。その場合、「ＡＣ（協調性）」が高すぎる可能性が

あるので、これを少し下げることで、「自己主張できない自分」を変えることができるようになります。
このように、5つの要素のアップ・ダウンを自分で調整することによって、自分の悩みやトラブルに対処することができるのです。

5要素を調整して性格を変える！

それでは、実際に性格を変えていくにはどうすればいいのでしょうか。2014年秋に1万5000人を対象に実施したアンケート調査結果をもとに、5つの要素別「自分の性格が変わって成功した」行動を紹介していきましょう。

①CP（厳しさ）
時間やルールをしっかり守る几帳面《きちょうめん》さ、努力して着実になにかをやり遂《と》げようとする忍耐強さ、自分の考えや好みに対するこだわりの強さ、こうした性質は、ディグラム診断で性格を形作る5大要素のうち、「CP（厳しさ）」の高さを表しています。「職人気質《かたぎ》で、筋《すじ》を通すことを重視する頑固《がんこ》オヤジのような性質」ともいえるでしょう。
「ルーズだと指摘《してき》される」「スケジュールや計画を立てても、いつも最後まで守ることができない」「最後のツメが甘くて失敗しがち」という人は、この「ＣＰ（厳しさ）」を上げることで、いいかげんで大雑把《おおざっぱ》だった性格がしっかりとして、真面目で堅実な性格に変化することが多いです。
それでは、この「ＣＰ（厳しさ）」を上げるためにはどうすればよいのでしょうか。

【CP（厳しさ）を上げる行動】
・常に10分前行動を自分に課す。
・使ったものは元の場所に戻す習慣をつける。
・前日に何時に寝たとしても、起きる時間は毎日同じ時間に設定する。
・食材を買うときは、産地を確認してから買う。
・毎日簡単でもいいから5分間掃除をする。

調査結果をまとめると、スケジュールや日課、特定の習慣を自分に課して、それを守るように心がける、つまり自己管理能力を高める行動を繰り返すことで「ＣＰ（厳しさ）」が自然に上がっていく傾向が見られました。「1週間に1度はジョギングをする」「筋トレを一日30回ワンセット絶対にやる」など、スポーツの習慣でも効果があるようです。

逆に、「CP（厳しさ）」が上がりすぎると、マイナス面が出てきます。ほかの要素との兼ね合いもありますが、頑固で他人の意見を聞かない、ひとりよがり、他人に対して批判的になってむやみに敵を作る、孤立《こりつ》しやすい言動をする、などといった傾向があるようです。
そこで、「CP（厳しさ）」を下げるための行動についてもリサーチしてみました。「他人から厳しすぎるとよく言われる」「気がつけば周囲から頑固者扱いされている」などという人は、ぜひチェックしてみてください。

【CP（厳しさ）を下げる行動】
・呼吸法や瞑想《めいそう》で、リラックスしてみる。
・1ヵ月のうちに数日、なにもしないでダラダラする日を作る。
・「完璧でなくてもいい日」を作る。
・あえて普段の日課やルールを破ってみる。
・好きなものを好きなだけ食べる日を作る。
・自炊をサボって外食する。

「CP（厳しさ）」が高めの人は、普通の人よりもプレッシャーを感じたり、自分に制約を課したりしがちです。そこで、普段とは違うイレギュラーな行動をしたり、日頃は自分で節制していることをあえて行うなどのことをすると、「CP（厳しさ）」を下げることができるようです。また、息抜きやリラックスは、ひとりよがりで頑固な思考に入り込んでしまうことを防ぐ効果もあるようです。

なお、「NP（優しさ）」や「FC（自由奔放さ）」を高めることが、「CP（厳しさ）」を下げることに有効なケースもあるので、ぜひ以下で紹介する行動も参考にしてみてください。

②NP（優しさ）

続いては、「NP（優しさ）」を調整する方法です。「NP（優しさ）」はズバリ、その名称の通り「他人に対する優しさ・配慮」を表す指標です。この指標が高い人は、他人に対して常に親身になって接することができ、自己犠牲《ぎせい》を厭《いと》わず、人の世話を焼くことにも抵抗がありません。ひと言で表すならば、「聖母マリア」のような特徴といえるでしょう。

「人から冷たいと言われてしまう」「友達ができにくい」という人も、この指標を高めると他人に対して優しくなり、一緒にいる人をリラックスさせたり、人から好かれやすい性格になります。また、「感受性」が豊かになり、物事に感動しやすくなっていきます。

それでは、この「NP（優しさ）」を高めるにはどうしたらよいのでしょうか？　以下に、「NP（優しさ）」を高めるのに有効であると考えられる行動をピックアップしました。

【NP（優しさ）を上げる行動】
・植物を育てる。ガーデニングなどにハマってみる。
・海や山など、自然を散策してみる。
・ペットを飼う。
・子どもと遊ぶ。お年寄りと話す。
・ボランティアをする。
・感動する本を読んだり、映画を観たりする。
・パワースポットに行く。

人としての優しさは、先天的なものだけでなく、後天的な要素も含まれます。動物や植物を愛《め》でたり、子どもやお年寄りなどと触れ合ったりすることは、「NP（優しさ）」の指標を上げる手助けになるようです。また、ボランティアなどで「他人に尽《つ》くす喜び」を知ること、人を感動させる作品に触れることなども、指標を高めるために効果的なようでした。

ただ、何事にも二面性があります。あまりにも「NP（優しさ）」が高まりすぎてしまうと、時に物事がうまくいかなくなってしまう局面も出てきます。たとえば、優しすぎる上司。部下のことを考えすぎ、負担を与えたくないと自分一人で負担を抱え込み、行き詰まってしまう人がたまにいます。管理職の場合、人としての優しさはもちろん大切ですが、マネジメントをするうえで適度な厳しさも必要です。

ですから、「NP（優しさ）」は、無理して下げる必要はありませんが、ほかの指標を高めることでバランスを取るなどの工夫が大切になってきます。

「優しすぎるのが欠点だと言われる」「相手に同情しすぎて、不満があっても相手を怒れない」などといった悩みを抱えている人は、先ほど紹介した「CP（厳しさ）」を高める行動と同時に、以下の「NP（優しさ）」を下げる方法も試してみてください。


【NP（優しさ）を下げる行動】
・イヤなものにはちゃんと「イヤだ」と意思表示することを心がける。
・なるべく感情的にならないように意識する。
・理不尽なことを体験したら、そのことを紙に書いておいて忘れないようにする。

「優しさ（NP）」が高すぎる人の欠点は、相手のことを考えすぎて「イヤなものをイヤだと言えない」傾向が強くなりすぎることです。そのため、必要以上に相手のペースに流されてしまうことも多くなります。また、感情で物事を判断してしまいがちで、冷静な判断ができない場面も出てきます。イヤなことはその場ですぐに伝えるように心がけましょう。

また、自分の意に添《そ》わない出来事に遭遇《そうぐう》したら、そのままにしてしまわずにちゃんと記憶に残して、次に同じような状況になったらどう対処するか、事前にしっかりと考えておくことが重要になってきます。

③A（論理性）

物事を合理的に判断し、計画的に進める性質を表す指標が「A（論理性）」です。この指標が高い人ほど、合理的で、感情やその場のノリに流されることも少なく、いわゆる「要領《ようりょう》のいい」性格となります。ちなみに、この「A（論理性）」が高ければ高いほど、欧米では「理想的な人格」と評価されることが多くなるようです。

ビジネスマン全般に大切な指標ですが、管理職や経営者には特に大事な要素といえるでしょう。

そこで、この指標を高める行動をピックアップしました。「自分はスケジュールを立てるのがあまり上手ではない」「お金を貯めるのがへたで、いつも散財ばかりしている」などといった人は、ぜひチェックして欲しいところです。

【A（論理性）を上げる行動】
・中高生向けの計算ドリルや数独やクロスワードパズルをやる。
・オセロやチェス、将棋《しょうぎ》など、先を読むゲームをやる。
・毎日、その日一日の計画を立てて紙に書きだす。
・日記を書いて、その日にあったことを振り返る。
・家計簿をつける。
・ToDoリストを作って、優先順位をつける。
・目標金額を決めて貯金をする。

ロジックを必要とするゲームや数学に触れることは、論理的な思考力を高めるのに非常に有効です。ほかには、自分で日頃から計画を立てる癖をつけることが重要です。日記をつけたり、ToDoリストを作成して自分の行動を箇条書きにしたりすることで、日々の行動をより合理的に進めることができるようになります。

「A（論理性）」を高めると、いわゆる「デキる人」になれることは間違いありませんが、この要素を高めすぎることにはデメリットもあります。他人の感情をあまり考えなくなったり、数字や効率ばかり重視するようになって、周囲からは「クールすぎて付き合いづらい」「感情のないロボットのようだ」などと思われてしまうケースも。そのため、あまりに突出して「A（論理性）」が高い人は、「A（論理性）」を下げる行動をする一方で、「NP（優しさ）」や「AC（協調性）」などを上げて、バランスを取ることが大切です。

以下、「A（論理性）」を下げるための行動をピックアップしてみました。「周囲から『冷たい人だ』と言われることが多い」「効率を重視しすぎるのか、他人の感情を考えられない人物と思われがち」というような人は、ぜひ参考にしてみてください。


【A（論理性）を下げる行動】
・一人で、目的地を決めずに散歩する。
・なにも考えず、なにもせず、ボーッとする一日を作る。
・ひたすら寝る。
・ギャンブルをしてみる。

・身体をひたすら動かす、スポーツをする。
・３秒ダッシュする。
・温泉に行ってリラックスする。

何事も合理的に考えてしまいがちなので、「目的地を決めずに散歩してみる」などノープランで行動することや、「ボーッとする」「ひたすら寝る」など、一見非効率に思われるような行動をあえてしてみることです。また、スポーツ競技など、臨機応変《りんきおうへん》に身体を動かすことが優先される行動にも「Ａ（論理性）」を下げる効果があるようです。

④ＦＣ（自由奔放さ）

突拍子《とっぴょうし》もないアイデアを考えだしたり、誰も思いつかないような言動をしたり、どんなシチュエーションでも躊躇《ちゅうちょ》することがなかったりと、まるで「純真無垢《じゅんしんむく》な子ども」のような性質を表すのが「ＦＣ（自由奔放さ）」と呼ばれる指標です。この指標が高い人には、クリエイターやアーティストタイプが多いといわれています。また、ノリがよくてアクティブ。その場を楽しむことが上手な性質も兼ね備えている傾向があります。

「あの人は行動的な人だね」「明るくて楽しい人だね」といわれる人には、この資質が大きく関わっていると考えられるでしょう。
そこで、「FC（自由奔放さ）」を高めるための行動をピックアップしてみました。「周囲から『暗い』と思われがち」「『真面目すぎてつまらない』と指摘されることが多い」「行動力に欠ける」などという人は、ぜひ参考にしてみてください。

【FC（自由奔放さ）を上げる行動】

・好きな音楽を大音量で聴く。
・ライブに行って、大騒ぎする。
・「一人カラオケ」をして、心ゆくまで歌ってみる。
・バンジージャンプやスカイダイビングに挑戦する。
・お笑い番組を観て、大きな声で笑う。
・気の合う仲間とひたすらおしゃべりする。
・服装や髪型を大きく変えてみる。
・誰も知り合いのいない飲み会に参加してみる。

「FC（自由奔放さ）」は、既成概念や常識に囚われない発想力に直結しているため、感性を刺激されるような行動をすると高めることができるようです。また、バンジージャンプやスカイダイビングなど、日常生活ではありえないアクティブな行動も効果的なようです。さらに、普段の生活でも「服装を変えてみる」「髪型を変えてみる」など、いつもの自分と違うアクションをすることで、「FC（自由奔放さ）」が高まると考えられます。

「FC（自由奔放さ）」は、その人の持ち前の個性を引きだし、明るくて楽しい人生を送るためには必須の要素であるものの、やはり高すぎるとデメリットもあります。

たとえば、後先考えずに行動し、なにかを思いついたら最後、自分の目的を達成するまでブレーキをかけることができないというような傾向が出てきたりします。そのため周囲に混乱を招き、奇異《きい》な目で見られてしまうことがあります。

感情の豊かさ、直感力の高さはまったく悪いことではありませんが、こうなると、社会生活を送っていくうえでは少し不便が生じることがあるかもしれません。その場合、この要素を少し下げることを考えましょう。

「FC（自由奔放さ）」を下げるために効果があったと思われる行動をピックアップしました。

「あの人はなにを考えているのかわからない」「落ち着きのない人だ」と思われがちとか、「衝動的な欲望が止められない」などといった人は、ぜひ参考にしてみてください。

【FC（自由奔放さ）を下げる行動】
・静かに読書をする。
・写経《しゃきょう》をしたり、般若心経《はんにゃしんぎょう》を唱《とな》える。
・禁酒する。
・クラシックなど、心を落ち着かせる音楽を聴く。
・行動する前に一度、ひと呼吸置く。
・数ヵ月先に目標を設定して、コツコツと努力する。

見るとわかるように、「FC（自由奔放さ）」を下げるには、忍耐力を要するような行動が効果的です。「静かに黙《だま》って読書をする」「写経をしてみる」「クラシックなど気持ちが落ち着く音楽を聴いてみる」など、心を落ち着かせ、じっと一箇所に留《とど》まって静かになにかをし続けるのもいいようです。

また、この指標の高い人がとくに苦手なのが、「スケジュール通りに行動する」こと。1ヵ月単位でも1年単位でもいいので、長期的な目標を立て、それに沿って行動してみる努力が、より落ち着きのある「大人」に成長させてくれるはずです。

⑤ＡＣ（協調性）

最後に紹介するのが「ＡＣ（協調性）」と呼ばれる指標です。周囲に対して気配りができるとか、人とうまくやっていくなど、集団生活をするうえで欠かせない性質を表します。この指標が高いと、いわゆる「空気が読める人」になることができ、コミュニケーション能力も高く、他人から好かれやすい傾向にあるといえるでしょう。
「ＡＣ（協調性）」を高めるために効果があったとされる行動をピックアップしました。「『あなたは他人の気持ちがわからない』と言われてしまう」「集団行動が苦手」といった人は、ぜひ参考にしてみてください。

【ＡＣ（協調性）を上げる行動】

・他人の話をじっくり聞く。
・自分の意見を言うときは、人の意見を聞いてからにする。
・人から誘われたら、とりあえず断らないで行ってみる。
・人と一緒に旅行に行ってみる。
・集団でやるスポーツに参加してみる。

・趣味のサークルなどに参加してみる。
・日頃から積極的に情報収集して、いろいろな考え方を知っておく。

「AC（協調性）」を高めるのに効果的とされた行動は、「人の話をしっかり聞く」という姿勢を作るというもの。これにより他人に対する寛容《かんよう》さを身につけ、「自分とは違う意見を持っている人がいる」と受容できるようになるようです。また、テレビや新聞、本などから多様な考え方を学ぶことなども効果があるようでした。
また、「集団行動をする」のも、「AC（協調性）」を高めるのに効果があるようです。サークルに参加したり、誰かと一緒に旅行したり、団体スポーツをしたりするなど、集団行動を通して多くの人と触れ合い、他者との距離の計り方を学び、他人と行動する楽しさを知ることが重要であるようです。

一方で、「AC（協調性）」を高めすぎることのデメリットもあります。「AC（協調性）」は、高ければ高いほど人間関係で調和が取れることになりますが、一方で「他人からよく見られたい」「人から嫌われたくない」という気持ちが強くなりすぎ、自分を殺してまで他人の意見や主張を尊重《そんちょう》してしまう傾向が出てきます。悪く言えば「流されやすい人」になってしまう恐れがあるのです。

また、この指標が高い人の多くは、自分に自信がなく、周囲の顔色ばかり窺う傾向がありま す。自分の思いとは違う意見を提示されても、「○○さんが言っているなら正しいんじゃないかな」と流されて、結果的にストレス過多《かた》になってしまう人が多いようです。

高すぎる「ＡＣ（協調性）」を下げると、どんなシチュエーションでも自己判断できる自立した人間に近づくことができます。そこで、「ＡＣ（協調性）」を下げるのに役立ったとされる行動をピックアップしました。「人の意見に流されやすい」「自己主張ができなくて、ストレス過多気味だ」といった人は、ぜひ参考にしてみてください。


【ＡＣ（協調性）を下げる行動】
・海外で一人旅をする。
・人前で話をする機会を増やす。
・月に何回か一人で遊びに行く日を作る。
・一人飲みデビューをしてみる。
・携帯やスマホ断ちをしてみる。
・ＳＮＳを見ない日を作る。

・習い事をする。
・山登りをしてみる。

高すぎる「AC（協調性）」を下げるには、「一人の時間を持つ」ことが最も効果的であるようです。「海外で一人旅をする」のはもちろんのこと、「一人で遊びに行く」「一人飲みをしてみる」など、単独行動をしてみましょう。また、「携帯やスマホ断ちをする」とか「SNSなどネット断ちをする」など、外部からの情報をシャットアウトし、自分の時間をしっかり持つことでも「AC（協調性）」を下げることができます。

また、自分の意見を言うのが苦手な傾向もあるので、「人前で話をする機会を持つ」など、人前で話をすることに慣れていくのも効果があるようでした。

そのほか、この指標が高い人には「自分に自信がない」という人が多いため、「習い事」や「山登り」など、達成感を得られる活動がオススメです。小さなことでもいいので達成感を積み重ねていくと、高すぎる「AC（協調性）」を下げるのに役立つようでした。

5つの要素について、それぞれ低すぎる場合の上げ方、高すぎる場合の下げ方を見てきました。

とはいえ、ディグラム診断では、「この波形こそ理想的である！」と考えているものはありません。なぜなら、置かれたシチュエーションによって最適な波形もおのずと変わってくるからです。

たとえば、事務職の人と営業職の人とでは、各々求められる資質が違います。事務職の人なら几帳面さや正確にコツコツと作業を進めていける忍耐強さなどが求められることが多いといえるでしょう。営業職の場合、フットワークの軽さや明るさ、コミュニケーション能力をより強く求められるはずです。となれば当然、それに適した性格＝波形があるはずです。

一番いいのは、自分が置かれた環境で、「どうもうまくいかない」という状態になったとき、無理のない範囲でもともとの性格から5つの指標をチューニングし、足りない部分を補《おぎな》っていくことではないか、と考えています。

性格を変えるというのは、まったくの別人に生まれ変わるようなことではなくて、柔軟にその状況に合わせて適応していくことです。そのスキルを身につければ、これからの人生において、どんな困難に直面してもうまく生きていくことができるようになると思うのです。


木原誠太郎も、性格が変わった！

「いや、そんなこと言ったって、性格は簡単には変わらないでしょう！」

そんな声も聞こえてきます。ですが、断言できます。本当に性格は変わります。

これは僕、ディグラム・ラボの代表である木原自身の話です。かつて僕が会社員として働いていた頃、当初の波形は「M型」でした。37ページの解説と、「ノリが命のムードメーカー　肉食系の楽天人間」というキャッチフレーズからわかるように、飲み会などに顔を出しては人とワイワイ騒《さわ》ぐのが大好きな人間でした。

当時は営業マンとしても仕事をしていたので、人と会って話すのが好きで、あまり人見知りすることもなく、誰とでも打《う》ち解《と》けられるこの「M型」という波形は、僕にとって最適なものだったといえます。

ところが、会社をやめて自分で会社を立ち上げようとしたとき、ふと、「いまのままじゃ、せっかく会社を立ち上げてもうまくいかないんじゃないか？」と不安に襲《おそ》われ始めました。というのも「M型」タイプは、明るくてノリが良くて、初めての人ともすぐに仲良くなれる一方で、周囲やその場の雰囲気に流されやすい傾向があるからです。ですから起業した当時の僕は、翌日に大事なプレゼンが控えていても、仲のいい友達から「ちょっとおもしろいイベントがあるから、一緒に行かない？」などと誘われると、「たぶん、プレゼンはなんとかなる。大丈夫だろう。行く行くー！」とついていってしまう、ノリの軽さがありました。

しかし、経営者になった以上、他人に指示を出して引っ張っていく必要があります。この「M

型」のノリの良さは、少数精鋭《せいえい》で会社を回していこうと考えていた当時の僕にとって、致命《ちめい》的なものになりかねませんでした。

「他人の意見に流されずに自分の考えを貫《つらぬ》き通す厳しさがないと、これはまずいんじゃないの？　波形を変えなきゃ!!」そう思ったのです。

ちなみに、ディグラム診断では、経営者にとって理想的といわれる「ACボトム型」（42ページ参照）という波形があります。これは、その名称からわかる通り、「CP（厳しさ）」「NP（優しさ）」「A（論理性）」「FC（自由奔放さ）」が高めで、「AC（協調性）」だけが低い波形です。

経営者ともなれば、自分一人で経営方針を固め、会社を切り盛りしていかねばならない場面が必ず出てきます。そのときは、ビジネスライクに徹するほかありません。

そのようなシチュエーションでうまくやるために、「CP（厳しさ）」や「A（論理性）」は非常に重要です。また、社員や取引先の人を思いやる「NP（優しさ）」や、独自のアイデアや感性を持ち、常識に縛《しば》られずに自由な発想で運営していく「FC（自由奔放さ）」も欠かせません。その一方で、自分の意見を貫き通す必要があるため、周囲と歩調を合わせようとする「AC（協調性）」は下げる必要があります。

こうして、「AC（協調性）」だけが低く、「CP（厳しさ）」「NP（優しさ）」「A（論理性）」

「FC（自由奔放さ）」は高いという、やや偏《かたよ》った波形になっていくのでしょう。

実は後日、僕らディグラム・ラボが診断を進めていくなかで、実業家たちにやはりこの波形が非常に多いことを知り、仮説と現実のあまりの一致《いっち》に驚いたことがあります。


さて、これから経営者になろうとしていた僕・木原の生来の波形である「M型」は、「NP（優しさ）」と「FC（自由奔放さ）」だけが高めで、ほかの3要素はやや低いといえました。そこで、「CP（厳しさ）」と「A（論理性）」という2つの要素を高めるべく、日頃から行動を変えることを意識するようにしました。

たとえば、「CP（厳しさ）」を上げるために、「鏡の前で筋トレ」などといった行動をしました。また、「A（論理性）」に関しては、「日記をつける」「その日の良し悪しを80点など点数化する」などしてみました。そうした努力が実を結んだのか、はたまた僕自身が、現実に経営者として切磋琢磨《せっさたくま》していくなかで自然とそうなったのかはわかりませんが、波形は徐々に変化していきました。そして現在の僕の波形は、やや「M型」寄りの「ACボトム型」になっています。

まだまだ「CP（厳しさ）」と「A（論理性）」が足りないのかな、と思うところはありますが、周囲からは、「会社員時代とは雰囲気が変わったね」「ちょっと怖くなった（笑）」と言われることも増えました。「人が変わったよう」という慣用句がありますが、自分自身の体験から、それは環境と行動の変化によって間違いなく起こりうることだと断言できます。

人や場の影響でも波形は変わる

ちなみに、僕・木原のように意識的に「波形」を変えていく人もいますが、多いのは一緒にいる人からの作用や、置かれた環境からの影響で自然と変わっていくパターンです。

たとえば、ディグラム・ラボの青山もその一人です。波形は、当初「U型Ⅲ」と呼ばれるものでした。38ページの解説では、「ストレス抱えたマリア様！　NOと言えない腹黒人間」というキャッチフレーズをつけていますが、優しくてどちらかというと主体性がなく、周囲に〝思いっきり〟流されやすい人間です。そして、自分で断《ことわ》ることが苦手なため、ついついいろいろな頼まれごとをしてしまって負担が大きくなり、内心ストレスを溜め込む……そんなタイプでした。

ところが、青山が僕のパートナーとしてディグラム・

ディグラム・ラボ代表・木原誠太郎も独立して性格が変わった！

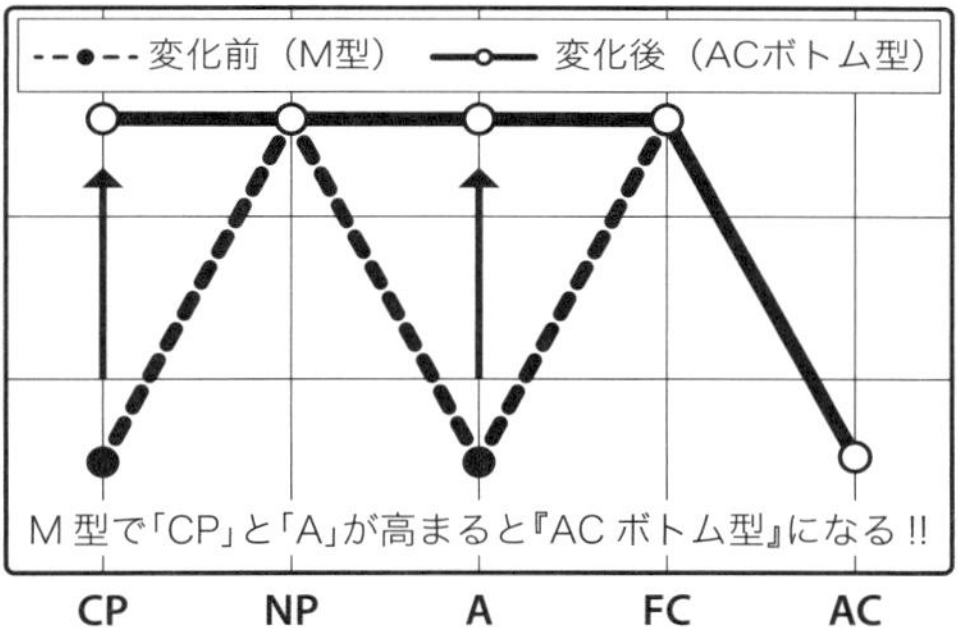

ラボを経営し、仕事をしていくうちに、会社の経営方針や運営に関すること、さらには新規案件や今後の展望について二人で話し込む機会が増えていきました。へたをすると、週7日のうち4日間は一緒に酒を酌《く》み交《か》わしながら、何時間も議論していたんじゃないかと思います。

すると、当初は他人からなにか頼まれごとをすると断れず、自分で意思表示をしないような「U型Ⅲ」の典型ともいえる性格だったのが、次第に、経営方針について自分からはっきり意見を言うように変化していきました。

「あれ、ちょっと波形が変わっているんじゃない？　ちょっと診断してみようか」

実際に診断をしてみたところ、なんと波形が「U型Ⅲ」から、僕と同じ「ACボトム型」に変化していたのです！


心理学用語に「ピア・プレッシャー」というキーワードがあります。これは、「仲間からの圧力」という意味なのですが、この言葉の通り、人は周囲にいる人間からの影響や自分を取り巻く環境によって、大きく性格が変わってくるといわれます。

学生時代などを思いだしてもらえばわかりやすいと思います。たとえば、最初は地味で黒髪・スッピンだった女の子でも、髪の毛を染《そ》めて派手なメイクをしているような女の子のグループと仲良くするようになると、みるみるうちに同じような外見になっていくものでしょう。また、ナンパに精《せい》を出し、チャラチャラした若者にしか見えなかった大学生が、金融機関系など真面目な会社に入社した途端におとなしくなるといったケースもあると思います。

それと一緒で、この青山の変化も、おそらくずっと僕と一緒にいて、二人きりの経営会議を続けているうちに、自然と自分のなかで5つの要素のバランスが変わって波形も変わり、経営者としての自覚も身についていった結果なのではないか——と思います。

性格は、自分の努力はもちろんのこと、環境や状況、そしてなにより、一緒にいる人の影響によっても変わっていきます。

「これが自分の性格。いまさらもう、しようがないよ」と思い込んでいる人は多いかもしれません。でも、けっしてそんなことはありません。日常の習慣を変えること、あるいは環境や状況を変えること、そして、一緒に行動する人を変えること、それらによって、性格はみなさんが思う以上に簡単に変わってしまうものなのです。

第4章　シチュエーション別！　ディグラム活用術——木原誠太郎×ディグラム・ラボ

ディグラム活用術―仕事編

さて、ここまで話を進めてきて、「CP（厳しさ）だの、FC（自由奔放《ほんぽう》さ）だのと、なんだかよくわからない要素を挙げられても、いまの自分の悩みをどう解決させたらいいかわからない！」というご意見もあると思います。そこで本章では、シチュエーションごと、具体的な悩みやトラブルに対し、「ディグラム診断を用いてどのように対応すればよいか」について紹介していきたいと思います。

たとえば、営業はバリバリできるけれど事務作業が苦手な人、仕事自体は嫌いではないけれど職場の人とコミュニケーションを取るのが苦手な人……など、その人の性格によって得手不得手、適職は全然違います。

そこでまずは、僕のところによく寄せられる仕事や転職などに関する悩みへの対処法から考えてみたいと思います。

営業が苦にならなくなるには？

Q 社内で人事異動があって、営業を担当することになりました。でも、実は人見知りで、初対面の人と話すのが大の苦手なんです。新規営業なんて自分にできるのか心配です。初めてのクライアントに対して、上手に営業ができるようになる方法を教えてください!

A まずは、「NP(優しさ)」を高めましょう!

「優秀な営業マン」といわれてまず頭に浮かぶのは、どんな人でしょうか? 明るくてどんな相手とでも屈託《くったく》なく接することができる人、いろいろなことに詳しくて誰とでも話題が尽きない知識が豊富な人……。さまざまなタイプが想定できると思います。

でも、数ある要素のなかで、僕自身が営業マンに一番大切と感じる要素は、「NP(優しさ)」なんです。

明るくて屈託がない営業マンは、すぐに打ち解けられるので新規営業には強いです。また、頭が良くて、どんな人とも共通の話題を見つけてスマートに会話できる人もいいかもしれません。

ただ、これらのタイプは、初めて会ったときや一期一会《いちごいちえ》のパーティなどでは如才《じょさい》ないコミュニケーション能力を発揮《はっき》できるでしょうが、継続的に関係が続くビジネスとなると話は別です。「それだけ」では不十分。やがてメッキが剝《は》がれてしまいます。業務上必要な知識や能力があることに加え、クライアント側に「この人なら任せられる」と信頼してもらえる〝人柄の良さ〟がなければ、話になりません。そのために必要なのが「NP（優しさ）」です。

あなたがもし、「NP（優しさ）」の低いタイプなら、まずはこの「NP（優しさ）」を高めるところから始めてみてください。

「NP（優しさ）」の高め方は第3章で説明しましたが、ペットでも恋人でも「愛情を注《そそ》ぐ対象を持つ」ことが一番の早道です。「NP（優しさ）」が高まれば、自然とクライアントに「誠実だ」と思ってもらえることが増えていくはずです。

すでに「NP（優しさ）」が高いタイプなら、口べたで最初の数回は居心地の悪さを感じることがあったとしても、大丈夫。次第に馴染《なじ》んでいき、相手からその人柄の良さを買ってもらえるようになる可能性が高いです。臆《おく》せず、自信を持って営業に行きましょう。

もちろん、ただ優しいだけでは、クライアント側も「この人、ちゃんと仕事ができるの？」と不安を覚えてしまいますから、要所要所でしっかり実力を見せることは忘れずに！

【営業が得意な波形】
M型、NPトップ型、
ACボトム型、ライン型Ⅰ
【営業が苦手な波形】
W型、NPボトム型、
U型Ⅰ・Ⅱ、CPトップ型

気難しい人を相手にするには？

Q 営業先のクライアントが、なんだかとても気難しそうな人でした。初対面のときから全然打ち解けられなくて、こちらの話もちっとも聞いてもらえません。どうすればいいんでしょうか？
A 気難しい人には、とにかくチャラさは厳禁。誠実さをアピールして攻めましょう！

初対面の人との接し方を考えるうえで気をつけて欲しいのが、相手が「ＣＰ（厳しさ）」の高いタイプでないかどうか、です。なぜなら、「ＣＰ（厳しさ）」が高い人ほど、最初の印象で相手を判断しがちだからです。

このタイプは、頑固《がんこ》でこだわりが強い人が多く、また、自分のなかのルールや基準を明確に持っていて、最初に「ダメ」と思われてしまったら最後、その第一印象がなかなか抜けず、後々まで引きずる可能性があるからです。

それでは、相手が「ＣＰ（厳しさ）」の高い人かどうかは、どうやって判断したらいいのでしょうか。

実は僕は、名刺交換のときに相手の厳しさを測《はか》っています。名刺を渡す際、2秒間ぐらい相手の目を見つめるようにします。そこで、じっと目を見返してくる人は「CP（厳しさ）」が低め。逆に、目をすぐに逸《そ》らしてしまう人は、「CP（厳しさ）」が高めである傾向があります。たったこれだけですが、とても有効な方法です。


実際に「CP（厳しさ）」が高めの人に遭遇《そうぐう》してしまった場合、相手に嫌われないためには、どうすればいいのでしょうか？

このタイプは人見知りであることが多いので、できるだけ自分が会話をリードして、相手から言葉を引きだしてあげるように心がけます。また、チャラチャラしたタイプの人は嫌われてしまいがちなので、できるだけ真面目な印象を保《たも》つように意識します。

さらに、本質的な会話を求める傾向にあるので、世間話でも「今日はいい天気ですね」「そのネクタイ、いいですね」などというような無難な会話は避ける。そして、できるだけ相手のビジネスに関わる話題を振るようにします。難しく考える必要はなくて、たとえば相手の会社が製菓メーカーなら「僕は甘いものが好きで、いつもチョコを食べているんです」といった話題にする、という程度で大丈夫です。

「CP（厳しさ）」が高い人はプライドが高く、褒《ほ》められることが好きなので、できるだけ相手のことを褒めるようにします。ただし、明らかな世辞《せじ》は逆効果。その時点で、「この人は軽薄な人だ。信用できない」と見なされてしまいます。

では、どこを褒めればよいのか。これはちょっと難しいのですが、相手の「褒めポイント」は、会話のなかで判断していく必要があります。たとえば、相手がこちら側の発言に対して反論したポイントや、何度も繰り返し言う部分を拾っていきます。おそらく、そこが相手にとって大切なポイントなので、褒める。

そのうえで、さらに相手からの話を引きだしていきます。ここで大事なのは、相槌《あいづち》と「あくまで自分はその分野について不案内である」という立場を取ることです。「CP（厳しさ）」の高い人は、上から目線で人になにかを教えるのが好きなので、「知らない」「教えてほしい」と言う相手には、嬉々《きき》としていろいろと話してくれるはずです。たとえるなら、サザエさん一家に同居し始めたマスオさんばりに、イエスマンになることを心がけたほうがいいでしょう。


僕自身、過去に非常に印象深い体験をしたことがあります。

とある打ち合わせで、とんでもなく「CP（厳しさ）」が高そうな年配の方に遭遇しました。その人は、僕との名刺交換のときから無言。目なんて合わせません。こちらがなにを言っても「ああ」とか「はい」と、ひと言ボソリと呟《つぶや》くだけ。なかなか強烈でした。

会話を進めていくうち、その地域にある高校の話題になりました。有名なスポーツ選手を多数輩出《はいしゅつ》し、全国的にも有名です。しかし、スポーツのイメージが強いため、実は偏差値が地域で2番目に高い進学校だということを知っているよそ者は多くはありません。

そのまま話していると、彼の子どもたちがその高校の出身だということが判明。そこで、僕がすかさず、「○○高校なんてすごいですね！」と切りだすと、たちまち相手の態度が軟化していきました。その後もしばらくその高校の話題が続き、気がつけば、いつしか最初の冷たい印象はどこへやら。その方とすっかり打ち解けることができました。


一方、相手が名刺交換のときに目をじっと見返してくるような人、つまり、「CP（厳しさ）」が低い人だったとしたら、どうすればいいでしょうか。

このタイプは、次に「A（論理性）」が高いかどうかを見ます。「CP（厳しさ）」が低くて、「A（論理性）」も低いなら、お祭り好きなノリのよい人が多いと考えられます。なので、できるだけ笑顔で元気よく接するように注意しましょう。

ただ、このタイプには難しい面があります。余談が多すぎるのです。誰か冷静に舵取《かじと》りをしてくれる人がいないと、いつまでたっても本題に入れません。そのため、自己紹介を済ませてある程度世間話も終わったら、キッチリ気分の切り替えを。その場の雰囲気に流されないようにすることが肝心です！
仕事相手として最適なのが、「CP（厳しさ）」が低く、「A（論理性）」が高い人。このタイプは、会話の舵取りをしてくれるコミュニケーション能力の高い人なので、会話を相手に委《ゆだ》ねてしまってもOK。何事も段取りがよくて話が早いので、商談もサクサクまとまりやすいのです。

【気難しい人に多い波形】
CPトップ型、U型Ⅰ・Ⅱ、W型
【お祭り型の人に多い波形】
M型、FCトップ型、Aボトム型

勝てるプレゼンをするには？

Q 人前に出るのが苦手で、プレゼンが怖くてしかたありません。大勢の人の前に出ると緊張してしまうし、上手に要点をまとめることができません。「勝てるプレゼンの方法」を教えてください。
A ひとつのプレゼンで訴えるのは、「ワンセンテンス」で十分です！

プレゼンで大事なことは2つあります。それは、「いかに相手からの信頼を勝ち取るか」と

「いかに相手に自分のアピールポイントを理解してもらうか」です。

プレゼンの場において、いかに相手からの信頼を勝ち取るか。そのために大切なのは、「しっかりした人に見せる」ことです。ディグラム診断のデータでは、やはり「A（論理性）」が高い人ほど、周囲から「しっかりしていて、信頼できる人だ」と認識されやすい傾向があります。

実際のプレゼンでアピールする際も、信用を得るには「論理立てて物事を説明できる」ことが必要不可欠です。ビジネスシーンなら、「自分の会社の商品やサービスが、いかに相手側にメリットがあるかを相手に伝わるように説明できる能力」が必要です。「A（論理性）」の低い人は、第3章を参考に、この要素を高めるようにしていきましょう。

ただ、ここには落とし穴もあります。説明は大切ですが、「説明しすぎると逆効果」。プレゼンが苦手な人は、性格の問題以上に、ここで失敗するのがありがちなパターン。「せっかくの機会に、たくさんアピールしたい！」と、内容を詰め込みすぎてしまうのです。

いろいろ盛り込みたくなる気持ちはよくわかります。でも正直、人は他人の話なんてあまり聞いていませんし、プレゼンが終わったあとに覚えていることなどごくわずか。せいぜい2つや3つあればいいところでしょう。波形以前の問題で、あれこれ説明しすぎてしまうことで、相手から「よくわからない」「説明がへたな人」との認識を持たれてしまっている人がたくさんいます。

通販番組なら、たたみかけるようにより強い情報を次々繰《く》りだす話法が効果的かもしれません。「この包丁を買えば、スライサー3種類が付いてきます！」「さらに、いまこの番組を観ている人にはミキサーもお付けします！」「30分以内にお電話いただければ、特別価格として4点セットでなんと9800円！」などと、もともとは需要のなかったところにおまけ商品を付け、限定感を演出することで、「買わなきゃ損」と価値があるかのように見せる手法です。

しかしこのやり方、プレゼンではあまり効果はありません。「あれ、自分はなにが欲しかったんだっけ？」「このサービスの〝売り〟ってなんだったんだっけ？」と、クライアント側はかえって混乱してしまうケースが多いでしょう。

プレゼンにおいては、情報量は少なければ少ないほど相手に伝わりやすい。

だからこそ、僕自身がいつも意識しているのは「ワンプレゼン・ワンセンテンス」です。

そのワンセンテンスは、とにかくシンプル、かつ相手がメリットを感じられる、一番のアピールポイントに絞《しぼ》って何回も繰り返します。すると、興味がなかった人にも、そのワンセンテンスをしっかり覚えてもらうことができます。

せっかくたくさん準備したのに、説明しすぎてなにも残らない残念な状態にならないように、プ

【プレゼンが得意な波形】
ACボトム型、台形型、逆N型
【プレゼンが苦手な波形】
ACトップ型、Aボトム型、N型Ⅰ・Ⅲ

レゼンではぜひ、「ワンプレゼン・ワンセンテンス」を心がけて欲しいと思います。

優れたアイデアマンになるには？

Q 企画がなかなか通りません。せっかく希望の部署に配属されたのに、このままでは異動になってしまうかも……。おもしろくて斬新《ざんしん》な企画を出せるようになるには、どうしたらいいでしょうか？
A 自分の「ＦＣ（自由奔放さ）」を高めるべく、大音量で音楽を！

おもしろい企画を出す人にはいくつかパターンがあります。
代表的なのが、「0から1を作りだす人」。これは、誰も考えたことがないような斬新なモノを創造する、イノベータータイプの人です。たとえるなら、アップルの創業者であるスティーブ・ジョブズのような人でしょう。
このタイプは、「常識」のリミットを外すのがとても上手です。既成概念に囚われず、自分のなかのリミットを外すことで、これまでにない新しい切り口のアイデアを思い浮かべることができるのです。ディグラムの波形的には、「ＦＣ（自由奔放さ）」が高い人のなかに、こうした天才肌のアイデアマンが多いようです。

それでは、「FC（自由奔放さ）」を高めるにはどうしたらいいのでしょうか。一番いいのは、旅行で環境を変えて、普段の自分を縛《しば》っている常識や習慣から離れ、物事を別の角度から見てみることです。こうした行動を取ると、「FC（自由奔放さ）」が高まっていきます。

とはいえ、旅行といっても簡単には行けないし、会社員なら仕事に追われ、そのための休みがなかなか取れないということも多いでしょう。

そこで、集中して、クリエイティブモードに入るための「スイッチ」を作ることをおすすめします。

ちなみに僕の場合、新しい企画を考えるなどクリエイティブな作業をするときは、必ず音楽を聴くようにしています。しかも、できるだけ大音量で。音楽に没頭《ぼっとう》し、耳から入る情報をシャットアウトすることで、自分がいまいる環境を一瞬忘れ、その企画のこと以外は考えられないようになります。

人によって合う・合わないがあるかもしれませんが、わりと効果的な方法なので、ぜひ試してみてください。

ほかに「FC（自由奔放さ）」を上げる行動は第3章で紹介しましたが、実際にこの要素が高いタイプの人は、それはそれで大変なところもあります。この要素が高い人は、他人との協調性に難があることが多いので、普通の社会人として生活していくうえで周囲とうまくいかない場面に遭遇することも多くなりがちです。この点には注意が必要です。

そして僕としては、企画を作るうえで一番大切なのは、性格より「愛情」なのではないかと思っています。

たとえば、コーヒーに関する企画を考えるのであれば、コーヒーを毎日飲んで、毎日淹《い》れられる人でありたい。あるいは、コーヒーについて知らないことはなにもないというところまで調べられる人でありたい。そのくらいのレベルで対象物に興味を持ち、愛情を注《そそ》ぐことができないと、本当の意味でおもしろい企画を生みだすことはできないと思います。

ちなみに、愛情を高めるには、「NP（優しさ）」を高めることが有効です。「NP（優しさ）」が高まると、自然と共感能力が高くなって、物事に対する好奇心や愛情が湧《わ》いてくるはずです。

【企画力があるアイデアマンな波形】
M型、Aボトム型、逆N型Ⅲ
【企画を立てるのが苦手な波形】
W型、U型、CPトップ型、ACトップ型、NPボトム型、FCボトム型

事務能力の低さを改善するには？

Q 経費精算やスケジュール調整などの事務能力が極端に低くて、いつも周囲の人に怒られてばかりです。自分としては「こういう欠点は直したい」と思っているのですが、どうしても直すことができず……。どうすればいいでしょうか？

A 「天敵」のような人にこそ、リマインドをお願いしましょう。

提出期限が守れない、約束の時間に遅れてしまう、数字を扱わせるといつもミスがある、書類に誤字脱字が多い……いますね、そういう人。
どんな欠点や癖であれ、「悪い」と思っているのに改められない場合、おそらく「CP（厳しさ）」が低いと考えてまず間違いないでしょう。自制心が弱くて、一度決めてもすぐ挫折《ざせつ》してしまいがち。その場の空気にも流されやすい。そんなタイプの人にありがちな傾向です。
このタイプは楽天的で、先々のリスクまで考える力がありません。それゆえ、「CP（厳しさ）」を上げるための努力をしてくれるようにアドバイスをしても、なかなか本人だけでは実行することができません。

そのため、僕がこのタイプから相談を受けた場合、まず提案するのが「周囲の人に手伝ってもらう」こと。

たとえば、社内の規律《きりつ》が守れないのなら、「本当に申し訳ないけれど、自分は遅刻がちでどうしようもない。だから、会議が始まる5分前になったらリマインドしてくれないか」「遅刻が許されない大切な打ち合わせのときは、前日に声をかけてもらえないか」などと頼むしかありません。「そんなの恥《は》ずかしくて頼めない！」という人も多いかもしれませんが、大きなミスをするより、恥を忍んで同僚に頼み込むなどして、少しでもリスクを軽減するほうがはるかに「マシ」です。

その場合、相手選びも重要です。自分と同じように楽天的で、なかなか約束事を守れない人に頼んでも改善は期待できません。また、優しすぎて他人に厳しく言うことができない人も、あまりこの役どころには向いていないでしょう。

周囲にはおそらく、あなたの日頃の態度にイライラしている人がいるはずです。規律を守れないことに苛立《いらだ》つ人は、「CP（厳しさ）」が高いと考えられます。あなたが行動を改めると、その人は自分がイライラしなくて済むようになるわけですから、積極的に手伝ってくれる可能性があります。このように、「天敵」を上手に利用することで、よりスムーズに悪い習慣や癖を改めるやり方は効果的です。

リマインド機能のあるアラートなどを利用する手もありますが、「CP（厳しさ）」が低い人は、最初こそ注意を払っていても、次第に面倒くさくなって無視するようになってしまいます。だからこそ、「自分が無視できない人」に頼むほうがいいのです。

注意が必要なのが、このタイプは、口では「悪い癖は直したい」と言っていても、本心では問題をちゃんと自覚していないケースが非常に多いということです。そのため、同じミスを何度も繰り返します。だから、まずやるべきは、「その悪い癖を改善しないと、自分にどんなリスクがあるのか？」をじっくり考えることです。最低最悪の事態まで、しっかり考えてみてください。

悪癖の一番の大敵は「自分の危機意識のなさ」です。くれぐれもお忘れなく。

【事務作業が得意な波形】
FCボトム型、U型Ⅰ・Ⅲ、N型Ⅱ、W型、逆N型Ⅰ
【事務作業が苦手な波形】
FCトップ型、M型、Aボトム型、CPボトム型

人の顔色を窺う癖を直すには？

Q ついつい他人の顔色を窺《うかが》ってしまい、会議や打ち合わせで自分の意見を言うのが苦手

です。「ここぞ」というときに、上司やクライアントなどに自分の意見を主張できるようにするには、どうしたらいいでしょうか？

A 過去の事例や他人の発言を引用して、「他人の意見」として発言を！

優しくて周囲に配慮するあまり、意見を言えずにストレスを溜《た》めてしまう。いますね、こんな人。

日々悶々《もんもん》としていると思いますが、安心してください。あなただけではありません。このタイプは日本人に多く、典型的な波形は「N型Ⅰ」（39ページ）。他国に比べ、圧倒的に協調性を重んじる日本という国に生まれた以上、こうした性質を持ち合わせているのは、ある意味、仕方がないと僕は思います。

「N型Ⅰ」が集まると、なかなか話がまとまらず、誰かしら意見をちゃんと言える人が必要になってきます。日本人に多い性格タイプとはいえ、「和」ばかりを重んじていては、仕事はうまくいきませんよね。

周囲の顔色を窺ってしまいがちな人が、人前で自分の意見を主張できるようになるにはどうしたらいいでしょうか。

極端に自分に対して自信がない傾向があるので、一番いいのは、自分に対して自信を持つことです。けれども、「持て」と言われてすぐにできるなら苦労はありません。それはあくまで、長期的に目指す目標として、まずは応急処置として「スキル」を身につけましょう。それは、「誰か権力のある他人の意見」や「過去の事例」を振ってから、自分の意見を言うという方法です。

たとえば、こんな感じです。

「以前、田中部長もおっしゃっていましたが、この製品にはこういう問題点があると（私は）思います」

「3年前の同様の案件のときはこんな問題があったようですが、こういう解決策を取りました。今回の件についても基本的には同じ対応を取りつつ、この点について○×したらいいのではないかと（私は）思います」

こうして、前段に他人の発言や過去の事例を引き合いに出すことで、後段の「自分の発言」に対する周囲の注目度を下げることができます。それに、過去の事例や権力ある他人の発言が、その後に続く自分の発言の信憑性《しんぴょうせい》をかさ上げする効果も持ちますから、発言を聞いた周囲の人も納得しやすくなります。

【自分の意見を言うのが得意な波形】
ライン型Ⅰ、ACボトム型、逆N型、台形型、M型、Aトップ型
【自分の意見を言うのが苦手な波形】
N型、U型、ACトップ型、ライン型Ⅱ・Ⅲ

これは、付け焼き刃の対応のように感じられるかもしれません。けれども、「自分の意見に他人が賛同してくれる」という経験を積み重ねることが大きいのです。そのうち気がつけば、自分のなかに自然と自信の卵のようなものが生まれているはずです。その頃には、権力ある他人の意見も過去の事例も、きっといらなくなっています。頑張ってください。

嫌われずに上手に叱るには？

Q 自分の後輩や部下がミスをしたとき、ちゃんと叱《しか》りたいと思うのですが、相手を傷つけてしまうのではないかと心配になってうまくできません。自分のミスを認め、改めてもらいつつ、悪い印象を持たれないようにするにはどうしたらよいのでしょうか？
A 言うべきことはきっちり言う。でも、ユーモアを忘れずに！

最近、こういう相談が多いです。「KY（空気が読めない）」なんて言葉が流行して以降、「相手を不快にしてしまうんじゃないか」と、ちょっとしたひと言を発することにも過度に不安がる人が増えています。世の風潮を反映してか、ついには部下を叱れない上司まで増殖している状況です。

たしかに部下や後輩など、「叱る相手」の性格（波形）に合わせて戦略を変えたほうがいいとは思います。でも、大前提として、言いたいことはちゃんと言うべきです。相手を傷つけないようにと慮《おもんぱか》りすぎて、婉曲《えんきょく》な言い方をして相手に真意が伝わらなければ本末転倒《ほんまつてんとう》ですから。

僕の場合、相手が「Ｎ型」や「Ｕ型」など、ナイーブで傷つきやすいタイプであるときは、ソフトな言い回しを心がけつつ、「君のどういうところが悪かったと思う？」と論理立てて説明するような工夫をしています。でも、それ以外の波形の人なら、何事もストレートに言ってしまいます。

会社で部下がミスをしたら、「間違ってるよね」とすぐに指摘します。このように即座に、かつダイレクトに言わないと気づかない。そんな人って、意外と多いものです。

それでも、絶対に忘れないようにしているのが「笑顔」です。どんなにキツいことを言うときも、笑顔を忘れないように心掛けています。笑顔で伝えると、ごく辛辣《しんらつ》な内容でも、不思議と相手にあまりキツい印象を与えなくなります。

たとえば、ツッコミ役の芸人さんが、「おまえ、バカじゃないか」とボケ役に言うとき、あまりキツくは感じないですよね？　言ってみればそれと一緒。笑いながら言うことで、相手もそこまでダメージを受けません。

もうひとつ、一度叱ったら、後々までそれを引っ張らないこと。

叱っても同じミスが続いたらイライラしてしまいますが、それ以上に、互いにギクシャクするほうが仕事がやりにくくなります。関係を良好に保つことを大切にしつつ、要所でメリハリをつけて叱るのが一番です。

【他人を叱るのが得意な波形】
ACボトム型、逆N型
【他人を叱るのが苦手な波形】
ACトップ型、N型、U型Ⅲ

周囲から浮く部下を変えるには？

Q 新しく転職してきた人が部下になったのですが、周囲の社員たちとうまく馴染《なじ》むことができません。飲み会などにも参加しないし、ノリも悪い。はっきりいって周囲から浮いています。上司である自分としては、もうちょっとみんなと仲良くして欲しいと思うのですが、なにかよい対策はないでしょうか？

A 全員ノリがいい必要はないので、適材適所で使い方を考えましょう。

集団から浮いてしまう人は、「NP（優しさ）」の低いタイプか、プライベートと仕事をきっちり分けたい「CP（厳しさ）」が高すぎるタイプのいずれかである可能性が高いです。

このタイプは、自分から他人に働きかけるのが苦手。周囲から浮いていることで本人が悩んでいるならば、まずは上司であるあなたがじっくり話を聞いて、手助けするべきだと思います。

ただし、一方的に「なんで周囲の話題に乗ってこないんだ」「なんで飲み会に来ないんだ」などと詰問《きつもん》してはいけません。というのは、コミュニケーション能力の低い人に「周囲の人と仲良くしろ」と求めること自体、かなり難しい要求だからです。

もしかしたら、本人も努力しているのかもしれません。それが単に、あなたやほかの社員のレベルに合っていないだけかもしれません。そこを頭ごなしに叱りつければ、きっと心を閉ざしてしまいます。

たとえば、その人になにかキャラクターを設定してあげるという方法があります。きれい好きでいつでも机の上が整っているなら、掃除が得意なキャラクターとして、コツコツと集中して仕事に臨むなら、職人タイプとして周囲に印象づけてあげる。本当になんでもいいのですが、とにかく、その人が黙《だま》っていて、ノリが悪くても許されるような環境を整えてあげることが大切です。

その人が「周囲から浮いていることに気づいていない」、あるいは「浮いた状態が不便だと思っていない」のであれば、放置していてもいいのではないか……という気もします。たしかに全体が和気藹々《わきあいあい》としているほうが職場は円滑《えんかつ》に回りますが、どんな集団にもマイペースな人が一人ぐらいはいるものです。

システムエンジニアのように、パソコンに向かって一人黙々と作業するような職種なら、内向的な性格のほうが仕事にマッチしていることもあります。また、営業マンなど他人と接する仕事だとしても、ノリが良くてガンガン仕事を取ってくる突破型の営業マンがいるなら、その人をバックアップするような役回りにすればいい。誰もがノリが良くて最前線で働く必要はないのです。

会社はチームで動くものです。みんな同じようなキャラクターである必要はありません。

その人はほかで経験を積んだうえで転職して入社したわけですから、最低限のビジネスマンとしてのスキルはあると思いますし、なにかしら特技や長所もあるはずです。適材適所で、その人に合った役割を見出し、与えていく。それが上司の役目なのではないかと思います。

【他人とコミュニケーションを取るのが得意な波形】
M型、NPトップ型、逆N型Ⅲ、台形型
【他人とコミュニケーションを取るのが苦手な波形】
W型、U型Ⅰ・Ⅱ、CPトップ型、NPボトム型

無気力状態を脱するには？

Q　最近、仕事に対するモチベーションがまったくありません。会社に行くのも面倒で、出世したいという欲も湧《わ》かなくなりました。仕事だけじゃなくて、恋愛や食欲、物欲など、日々の生活に関する欲求も薄くなってきています。なんでこんなにやる気がないのか自分でもよくわかりませんが、この無気力な状態から脱したいです。どうしたらいいでしょうか？

A　まずは、イヤな作業の細分化を。「考えるストレス」を軽減していきましょう。

これはここ数年、30～40代のビジネスマンの方から受けるなかで一番多い相談かもしれません。景気もよくなってきているとはいえ、給料は上がらない。でも、転職するだけの気力もないし、そもそも転職先があるようには思えない……というわけです。

ディグラム波形的には、協調性が高い「N型」や職人気質で真面目な「U型」は、どちらも繊《せん》細《さい》で内向的。そして、ストレスを溜め込みやすい傾向にあります。

ただ、この状況は、正直どの波形の人にも起こりえます。「M型」や「ライン型I」などの明るくて楽観的なタイプだった人が、いきなり「明日から会社に行きたくない……」と言いだしたりすることもあるのです。理由を聞いても、「どうしてかわからない」という人が大半。直接的にイヤなことがあったとか、なにか自分のなかで大きな変化があったというわけでもなく、モヤモヤして、どうしても気分が乗らないのです。

ただひとつわかるのは、そういうときはたいてい、「AC（協調性）」が極端に上がってしまっています。これは、自分に自信を失ってしまっていることの裏返し。一時的なこともあれば、延々と続いて、時にうつ病のような状態になってしまうこともあります。

上がりすぎた「AC（協調性）」を下げるには、自分に自信を持つ体験をしたり、なにか新しいことに興味を持ったりすることが一番です。

とはいえ、元気を失っている人に「自信を持て！」と連呼しても、それは無理な相談というものです。

そういう状態になると、余計なことを考える余裕もないので、一時的な対処法としては、とにかくすべての仕事を細分化して、作業化してしまうことです。

たとえば、「新規の顧客であるA社との取引をまとめなければならない」という仕事があったとします。これを、「A社の担当者に電話する」「A社の担当者と打ち合わせの日時を決める」「A社の担当者にこちらの条件を提示するための資料を作る」……などと細かく分けていきます。こうすると、いちいち考える手間を省《はぶ》くことができます。

科学的に、一人の人間の意志力の総量は決まっているともいわれます。余計な心配ごとがあるときは仕事に集中できないし、なにかを考えるのも億劫《おっくう》になってしまいます。だからこそ、できるだけ仕事を細かく作業化して「考える手間」を省くことにより、精神的なストレスを軽減するのです。

また、仕事に対するモチベーションは、恋愛にも大きな影響を及ぼします。

20〜40歳の男性３００人に調査し、「現在恋人がいる」という男性65人と、「恋人がいた経験が一度もない」という男性１１２人の特徴を比較したデータによると、恋人のいる男性で「仕事がデキる」と答えたのは全体の60・０％。一方、恋人のいたことのない男性で「仕事がデキる」と答えたのは、17・０％。また、「リーダーに選ばれることが多い」という回答をした人は、恋人がいる男性で49・２％。恋人のいたことのない男性で９・８％でした。

仕事がデキる男ほど、女性から注目される機会が多いのか、それとも仕事がデキる男は恋愛にも自信を持ちやすいのか、そこには一定の因果《いんが》関係

【ストレスを溜め込みやすい波形】
U型、N型、ACトップ型
【ストレスを溜め込みにくい波形】
台形型、M型、ACボトム型、
逆N型、FCトップ型

があるのかもしれません。
誰でも仕事などでストレスを抱えると、恋愛などプライベートにも悪い影響が出やすくなります。その結果、「人生に自信が持てない」という事態に陥《おちい》りがち。どうにも調子が悪いと思ったら、負のスパイラルに嵌《は》まり込んでしまう前に、早めに心療内科などでカウンセリングを受けてみることをオススメします。

浪費癖を直すには？

Q 僕は、お金があるとあるだけ使ってしまいます。妻からは「これから子どもにもお金がかかるんだから、少しは節約して！」と怒られ続けています。でも、頭ではわかっているのに、どうしても散財してしまうんです。この性格を直す方法はないでしょうか。
A 自分の性格タイプを見極めて、それに合った対策を練《ね》っていきましょう。ちなみに、お金を上手に貯められるのはA（論理性）が高い人たちです。

「お金の貯め方」については、個人差があります。自分がどのタイプに近いかを見極めて、お金との付き合い方の〝工夫〟をしていくことが必要です。

まず、データ的にも貯金が増えないのが、「A（論理性）」が低くて、さらに「FC（自由奔放さ）」が高い人です。ディグラムの波形的には、「M型」（37ページ）や「FCトップ型」（41ページ）などが該当します。このタイプは、「無駄こそが愛」だと思っているため、自分の楽しみのためにお金をガンガン使います。

お金を使って楽しむと人生の経験値も高くなりますから、それ自体は悪いことではないと思います。でも、「M型」や「FCトップ型」などは、後先考えずに散財してしまったり、ギャンブルにハマりやすかったりする傾向があり、気がつけば借金を抱えている……なんていう人も多いようです。

ですからこうした人は、とにかく計画性を持つことが大切です。家計簿をつけるまでしなくとも、せめて「毎月遊びに使っていい額」を事前に決めておくこと。また、生活費と遊ぶ金で銀行口座を分けておくぐらいのことをしておいたほうがいいかもしれません。

一方、お金を上手に貯められるのは、「A（論理性）」の高いタイプの人に多いといえます。このタイプは先々まで見通せるので、資産運用にも向いた性格といえます。投資などをやると成功する可能性は高いでしょう。

ただし、「Aトップ型」（41ページ）など、「A（論理性）」だけが高い波形の人は、無駄なことが大嫌い。頭で考えすぎて、ただの「ケチ」になってしまうところがありますのでご注意を。

堅実にお金を貯めていくのが、「AC（協調性）」が高いタイプの人です。特に「U型Ⅰ」（38ページ）の人はあまりお金を使わない傾向があるので、節約や投資など特別なことをしなくとも気がつくと自然にお金が貯まっていることが多いようです。ただ、人生の経験値が低くて、遊び下手。それゆえ、損をしていることも多いかもしれません。

【お金を貯めるのが得意な波形】
Aトップ型、W型、N型Ⅱ、台形型Ⅱ
【お金を貯めるのが苦手な波形】
Aボトム型、M型、FCトップ型、N型Ⅰ、逆N型Ⅲ

ディグラム活用術―恋愛編

さて、次はディグラムを「恋愛」において活用する方法です。

恋愛に関する相談は、男女で内容がかなり違ってきます。男性は「どうしても恋愛ができない」「セックスする気力が湧かない」など消極的なものが多く、女性は「恋愛が続かない」「好きな人を落とすにはどうしたらいいのか」などと積極的な相談が増えている、そんな印象です。

時代の移り変わりによって、相談者が恋愛に求めるものや、モテる人の基準などが変わってくるのも、ディグラム診断のおもしろいところでもあります。最近、僕のもとに寄せられた恋愛にまつわる相談のうち、よくあるケースとその対処法を紹介していきます。

緊張せずに女性と話すには？

Q 女性と話をするとき、「おもしろいことを言わなくちゃ」「相手を楽しませなくては」と思って、どうしても緊張してしまって、うまく話すことができません。職場でも女性の同僚と仲良くできないし、このままじゃ結婚もできないのでは？　と不安になります。異性と話をするときに、普通にしゃべれるようになる方法はないでしょうか？

A 「僕、緊張しやすいんで」と、最初にハードルを下げましょう。

実は「ＡＣ（協調性）」が高い人ほど、このパターンに陥りやすい傾向があります。過度に気を遣ってしまって、「これを言ったら嫌われるんじゃないか」「これを言ったら失礼になるんじゃないか」と、なにもしゃべれなくなってしまうのです。反対に「ＦＣ（自由奔放さ）」が高いと、その点を気にすることがなく、異性が相手でもまったく緊張せずに話すことができます。そのため、「ちょっとチャラい」などという印象を与えてしまうこともあります。
そして、女性を前にすると緊張してしまうという人は、たいてい「1対1」だから緊張してしまうのです。

会話はキャッチボールで成立しています。「1対1」だと、投げ返さなければならないボールの数が多すぎて、慣れない人が相手ではすぐに疲れてしまうんですね。異性であればなおのこと。

だから、最初は「1対1」のシチュエーションを作らないようにします。〝ボール〟を投げる回数を極力減らすために、誰か一人でいいのでその場に加えます。それだけで、あなたの負担はだいぶ減るはずです。その人が心を許せる人であれば、緊張もだいぶ和《やわ》らぐでしょう。

そして、多くの人が勘違いをしています。会話で「おもしろいこと」を話す必要なんて少しもありません。普通に会話できれば十分。

「相手を笑わそう！」と意気込めば意気込むほど、かえって空回りして失敗しやすくなるというジレンマがあります。これは、舞台やテレビで活躍する芸人でさえ同じです。

だから、話題はなんだっていいんです。たとえば、先週どこかに旅行に行ったのなら、「先日、旅行に行ってきたんですけど～」と話せばいいし、いま読んでいるベストセラー、会社の同僚の話など、話題はいくらでもあります。

もうひとつの対処法は、会話の最初で「女性と話すのに慣れていなくて、すぐに緊張してしまうんです」などと宣言してしまうこと。

こうすれば、あなたが緊張していても相手が不自然に感じることはなくなりますし、「あまりしゃべらないけれども、別に気難しいわけではないんだ」「私が嫌われているわけではないんだ」と納得してくれます。また、人によっては会話をリードしてくれるようになるかもしれません。この方法は非常に有効です。

【異性と話すのが得意な波形】
ACボトム型、台形型、逆N型、M型、FCトップ型、ライン型I
【異性と話すのが苦手な波形】
ACトップ型、U型、W型、NPボトム型、FCボトム型

女性不信を乗り越えるには？

Q 過去に女性にひどいフラれ方をして、それ以来、女性と接するのに躊躇《ちゅうちょ》するようになってしまいました。仲良くなっても、「この人にも同じことをされるんじゃないか」「どうせ自分を裏切るんじゃないか」と不安になって、関係を進めることができません。この悪循環を断ち切るための方法って、なにかあるんでしょうか？
A とにかくひとまず、料理教室へ行け！

「女性の恋愛の記憶は次の相手ができればすぐに上書きされるけれども、男性の恋愛はいつまでも記録され続ける」などとよくいわれます。

いろいろな人の相談にのってきて、たしかにそういう傾向はあると感じます。大失恋をしても、女性はすぐに前の彼氏のことは忘れて、次の相手を見つけられるケースが多いのに、男性はなかなか前の彼女を忘れることができず、次に進むことができないケースが多いのです。

男性は女性にフラれると、すぐに「AC（協調性）」が上がり、「FC（自由奔放さ）」が下がります。フラれるとは、要は自分を否定されること。よっぽどマゾ体質な人でない限り、フラれたことのストレスで、心の状態が変化するのです。自信がなくなり、次いで女性に対して臆病《おくびょう》になっていきます。

なかでも失恋の痛手を引きずるのが、「NP（優しさ）」の高い人。一途《いちず》に愛情を注《そそ》ぐので、喪失感もそれだけ大きくなるのです。反対に「NP（優しさ）」が低い人は、平気でガンガン次に行ける〝プレイボーイ〟タイプに多い傾向があります。

また、「NP（優しさ）」が高い男性は、過去をいつまでも引きずり、新しい女性が登場しても前の恋愛のトラウマをよみがえらせてしまいがち。「前の彼女はこうだった」などと過去の恋人と比べてしまって、新しい彼女とも破局する……といった悪循環に陥《おちい》ってしまいます。

この状態を脱するには、とにかく「優しくて愛情深い女性」と出会うことです。

一番のオススメは、「料理教室など女性が多く集まる場所に行く」こと。料理や手芸など女性的な趣味の人には、優しくて、穏《おだ》やかな性格タイプが多い傾向にあります。また、いろいろと世話を焼いてくれる人も多く、不幸な身の上を話したりすると、よい相手を紹介してくれる可能性が非常に高いです。

また、料理であれなんであれ、自分の得意分野を作ることで、自信を取り戻すことにもつながります。

実は僕の知人も、10年前に大失恋をして以来、ずっと恋人を作ることができずにいました。そこで料理教室に行くことをすすめたところ、なんと、すぐに年下の彼女ができて、結婚に至りました。実際にそんな事例もあるので、「失恋の痛手から立ち直れない！」というみなさん、騙《だま》されたと思ってぜひ一度、料理教室に足を運んでみてはいかがでしょうか？

ちなみに、失恋してもあまり打撃を受けないのが、「ＣＰ（厳しさ）」の高いタイプです。自分のなかの芯《しん》がしっかりしているので、他人に否定されてもすぐに立ち直ることができるからです。

また、これは余談ですが、以前、僕が出演したテレビ番組『性格ミエル研究所』（フジテレビ

▼さげまん女性ランキング

1位	ストレス溜めすぎのイエスマン　気遣いカメレオン人間（ACトップ型）
2位	ザ・日本人　空気読みまくる保守的人間（N型Ⅰ）
3位	妄想が止まらない　考えすぎのウジウジ人間（N型Ⅲ）
4位	コントロール不能なトラブルメーカー　突拍子もない激情人間（Aボトム型）
5位	ストレス抱えたマリア様！　NOといえない腹黒人間（U型Ⅲ）

系列）の調査の一環で、「どんな女性が男性の運気を下げる『さげまん』なのか」を調べたことがあります。そのときに「さげまんランキング」を作ってみたところ、上の表のようなランキングになりました。

これは、全国アンケートから「浪費癖《ろうひ》がある」「飽《あ》きっぽい」「整理整頓《せいりせいとん》が苦手だ」「人見知りをする」「自分に自信がない」など、さげまん度を計る指標15項目を抽出。2次アンケート調査を実施し、尺度法で取った回答結果を加重平均して偏差値化し、作ったものです。

「いま付き合っている女性がさげまん波形に該当する！」

「自分はさげまん波形かも！」

と思った人もい

【ダメな恋愛に陥りやすい波形】
N型Ⅰ、NPトップ型、Aボトム型
【よい相手に巡り合いやすい波形】
台形型Ⅰ・Ⅱ、ACボトム型

るかもしれませんが、これらはあくまで「傾向」なので、そんなに気にしないでいただきたいです。ただ、いつも恋愛がうまくいかずに悩んでいる人は、「自分のパートナーの女性はもしかしたらこういう傾向が強いのかもしれない」「自分だけが悪いわけではない」と心に留めておくだけで、心持ちがだいぶ変わってくると思います。

恋愛であと一歩を踏みだすには？

Q 女性に対して奥手すぎて、肝心《かんじん》なところで「あと一歩！」が踏みだせません。そのため、いつも「いい友達」止まり。気になる相手に対して、「ここぞ」というときに男気を発揮《はっき》できるようになりたいのですが、どうしたらいいでしょうか？

A 3ヵ月以上関係が停滞しているなら、ダメ元覚悟で行動を！

脳科学的には、恋愛はだいたい出会って3ヵ月ぐらいで、最初の「ドキドキ感」が薄れていってしまうそうです。なので、「いい友達」を続けて長期戦に持ち込んだとしても、あまりよいことはないような気がします。
もちろん、頭ではわかっているけれど、やっぱりどうしても「あと一歩」が踏みだせない、という男性は多いはず。「FC（自由奔放さ）」が低くて、「AC（協調性）」が高い波形、具体的には「N型Ⅱ」（39ページ）、「U型Ⅰ」（38ページ）、「U型Ⅲ」（38ページ）などに見られる傾向です。

相手に先入観を持ちすぎ、「これをしたら嫌われるんじゃないか」「これを言ったら変な人だと思われるんじゃないか」と躊躇して行動に踏みだすことができません。しかも、大事な局面で行動を起こしたとしても、その選択に自信が持てずに「変なことをしたと思われたんじゃないか」と、いつまでもくよくよ考えてしまいます。結果的に、相手の女性の目には「自信のない男」「器《うつわ》の小さい男」に映ってしまうのです。

対応策としては、先ほどのケースと同様、「自信を持つ」ということに尽きます。

そもそも、あなたが思っているほど、他人はあなたのことを気にしていません。そして相手の女性も、あなたが思っているほど経験を積んでいるわけではないことが多いでしょう。恋愛マニュアル本に登場する女性のように、「割り勘しない男はダメ」「こんな会話をする男はダメ」などと、いちいち粗探しをするようなことはまずありません。逆に、あなたが小さなことで迷ったり、くよくよ考えたりしていると、むしろその姿を見て、相手は評価を下げてしまい、うまくいかなくなることが多いのです。

「せっかくある程度いい関係を築けているし、その関係性を壊《こわ》したくない」

その気持ち、わかります。でも、いつまでも「いい友達」を演じ続けて苦しむより、仮に失敗するとしても、一度当たって砕《くだ》けてみたほうがスッキリするのではないでしょうか。はっきりダメとわかれば、次の相手にも目が向くかもしれませんよ？

【恋愛で臆病になりがちな波形】
N型、U型、ACトップ型
【恋愛で積極的になれる波形】
逆N型、FCトップ型、M型、Aボトム型

女性に「冷たい」と言われる

Q 結婚して、5年目になる妻がいます。交際当初から、「あなたはいつも冷たい」「ちっとも私に関心を持ってくれない」と文句を言われています。自分としては普通に接し、大事にしているつもりなのですが……。いったい、自分になにが欠けているのかわかりません。

A 相手から「冷たい」と言われたときは、会話に比喩《ひゆ》を盛り込みましょう。

奥さん側に問題がある場合もありますが、今回は男性側に問題があるとして、改善できることについてアドバイスしてみたいと思います。

相手から「冷たい」「無関心だ」と言われがちな人に共通するのが、自分のなかでのこだわりが強く、人に厳しいという傾向。「CP（厳しさ）」の高い人がこれに該当します。なぜ「CP（厳しさ）」が高いと、「冷たい人だ」と思われがちなのか。それは、このタイプは「決めつけてしまうこと」が多いからです。

自分のなかのルールやこだわりが強いということは、それ以外のものを受け入れる柔軟性に欠けてしまうということでもあります。

たとえば、こんなふうに。

「好きなアイドルは？」と訊《き》かれたとします。その人が「AKB48」が好きだったら、「ももいろクローバーZ」がどんなにいい曲を出したとしても受け入れられません。同じように、野球チームで「巨人」が好きなら、「阪神」にすごくいい選手がいたとしても、その選手を褒《ほ》めることをしません。自分が「美人」だと思わなければ、お世辞でも「美人」と言わない。自分の価値観で認めるもの以外は受け入れられません。ひと言でいうなら、口べたで頑固《がんこ》。

それでも、本人に悪気はなく、自分の意見を述べているだけ。けっして悪いことではありませんし、日本社会のように何事も曖昧《あいまい》にしてしまいがちなコミュニティのなかでは、「YES／NO」をはっきり言える人は貴重な存在でもあると思います。

けれど、このタイプはどうしても、相手から「冷たい人だ」「楽しんでいなさそうだ」「喜怒哀《きどあい》楽《らく》に乏《とぼ》しい」と思われてしまいがちなんですね。

では、どうしたらいいのか。

直接的にものを言いすぎると、相手から誤解を受けやすくなります。だから、会話のなかにできるだけ「比喩」を入れることです。会話というのは、基本的に「メタファー（暗喩《あんゆ》・隠喩《いんゆ》）」でできているからです。メタファーというのは、簡単に言えば、「〜のような」という表現を使わずに物事をたとえるような修辞技法のことです。

でも、突然「比喩を会話に入れろ！」などと言われても困ってしまいますよね。そこで、具体的なレッスンとしてぜひやってみて欲しいのが、ひとつの形容詞に対して10通りの言い換えをしてみること。

たとえば、奥さんがちょっと太ってきたとします。でも、ダイレクトに女性に「太ったね」と言ったら確実に怒られます。そして、嫌われてしまいますよね。

じゃあ、「太った」をどう言い換えるか。

「最近、よく食べるようになったよね」

「最近、ちょっとグラマーになったんじゃないの？」

など、婉曲《えんきょく》に言うことが必要です。そして考えるべきは、「相手はどう言われたら傷つかないか」ということ。相手が傷つかない表現ができるようになれば、冷たい人とかキツイ人と思われることもだいぶ減るはずです。

なかには、「批判しているわけではないし、止めようとしているわけでもない。ただ、単純にそう思ったから言っただけだ。それがどうして悪いの？」と思う人もいるかもしれません。しかし、あなたが「奥さんが太った」ということに対してどう思っているかは関係ありません。重要なのは、「奥さんが『太った』と言われることに対してどう思うか」です。

絶対に傷つかない相手なら、「太った」と伝えても問題ないと思います。けれど、それが100%断言できないのであれば、自分の意見に「お化粧すること」「茶目《ちゃめ》っ気《け》を持たせること」はとても大切なことです。

「さすがに、相手に直接『太った』と言うようなデリカシーのないことはしない」と感じた人もいるでしょう。たしかにこれは極端な例です。しかし、「冷たい」「無関心」だと他人に言われがちな人は、何事においても相手の感情への配慮がないまま、短絡《たんらく》的でシンプルすぎる対応をしがちです。ぜひ、日頃の行動を見直してみて、「会話にお化粧させること」を意識してみてほしいと思います。

▼「離婚しやすそうな人」女性編

1位	なんでもこなせる優等生　エネルギッシュな器用人間（ライン型Ⅰ）
2位	空気読めないお調子者　天真爛漫なお祭り人間（逆Ｎ型Ⅱ）
3位	不器用な私を認めて欲しい　職人気質な頑固人間（ＣＰトップ型）
4位	突然キレ出す時限爆弾　直感重視のわがまま人間（Ｕ型Ⅱ）
5位	無邪気なハッピー野郎　自由すぎる永遠のお子様（ＦＣトップ型）

▼「離婚しやすそうな人」男性編

1位	突然キレ出す時限爆弾　直感重視のわがまま人間（Ｕ型Ⅱ）
2位	無邪気なハッピー野郎　自由すぎる永遠のお子様（ＦＣトップ型）
3位	優しさあふれるマリア様 ＮＯと言えない相槌人間（ＮＰトップ型）
4位	空気読めないお調子者　天真爛漫なお祭り人間（逆Ｎ型Ⅱ）
5位	不器用な私を認めて欲しい　職人気質な頑固人間（ＣＰトップ型）

夫婦関係といえば、前述のテレビ番組『性格ミエル研究所』で、数万人規模の調査をもとに分析し、「離婚しやすい男女の波形ランキング」を作ったことがありました。そのうち、トップ5を紹介しますので、妻（夫）との関係で失敗しないために、こちらも参考にしてみてください。

女性側1位の「ライン型Ⅰ」（36ページ）は、ひと言でいえば優等生タイプ。仕事はデキるし、プライベートもとても充実しています。一見したところ、離婚などしなさそうに見えます。しかし、プライドが非常に高く、自分に自信もあって、勝《か》ち気《き》な一面があります。そのため、経済力が安定していると「夫なんかいなくても一人でやっていけるわ！」

とばかりに、「離婚しやすい」傾向として表れてくるのかもしれません。

一方、男性側1位の「U型Ⅱ」（38ページ）は、後先を考えずに自分の直感に従って動くタイプです。気に入らないことがあると突然キレ出すとか、行動が読めないところがあります。そのため、結婚するとパートナーは振り回されて、疲れてしまうのかもしれません。また、他人の感情をうまく理解できないところがあるため、夫婦間のすれ違いを生みやすいタイプでもあります。

いかがでしょう。「該当する！」「配偶者が該当する！」と思った人、要注意ですよ？

どうしてもモテたい！

Q とにかく、モテたいんです！　でも、なかなかモテません。どうしたらモテるようになれますか？
A モテる人に多いのは、「相手の変化に気づける」こと。それが苦手なタイプは、初対面のときのエピソードを、普段の会話の要所要所に盛り込みましょう！

女性からモテる要素には、容姿やステータス、経済力などたくさんあると思うのですが、みんなに共通するのが、「相手の変化に気づけること」です。

前にも触れましたが、ディグラム・ラボでは、20～40歳の男性３００人を調査し、「現在恋人がいる」という男性65人と、「恋人がいた経験が一度もない」という男性１１２人の特徴を比較したことがあります。

そのとき、とくに差が大きかったもののひとつが、「女性の髪型やファッションに対してすぐに気がつくことができるか」。現在恋人がいるという男性は、60％が「すぐ気がつく」と答え、一方で恋人が一度もできたことのない男性で「すぐ気がつく」と答えたのは16・1％しかいませんでした。そして、髪型やファッションなどの小さな変化を見逃さず、上手に褒めたり、指摘したりできる男性のほうが、女性とより積極的にコミュニケーションを取ることができたそうです。

「髪型を変えた」

「服装を変えた」

「メイクを変えた」

「好物が変わった」

「以前と発言が変わった」

「目指しているものが変わった」

「雰囲気が変わった」

外見的特徴でも、その人のメンタル的な部分でも、なんでもいいんです。とにかく女性の変化に気づいて、それを指摘したり、対応を変えたりできる人は、本当にモテます。

簡単なようで、気づかない人は本当に気づきません。観察力の問題なのか、はたまた相手に関心がないのか、理由は定かではありませんが、こうした変化に気づけないのは、「CP（厳しさ）」が高い頑固なタイプに多いといえます。


もっとも、女性の小さな変化に気づくことは、タイプにかかわらず、男性は全般的に苦手。そんな男性たちにオススメなのが、「相手が昔どんな人だったか」をとりあえず覚えておくこと。

「相手がどんな発言をしたか」

「相手とどんなところで会ったか」

「相手がどんな格好をしていたか」

あなたが覚えていられる範囲のことでかまいません。そして、会話のなかでふと、

「そういえばあのとき、こんな服を着てたよね？」

「あのとき、こんなところで一緒に御飯を食べたよね？」

「あのとき、こんなことを言ってたよね？」

などとリピートします。それだけでも、「ああ、この人はよく覚えてくれているんだな」と相手に思ってもらうことができます。意外と使える方法ですよ。

ちなみに、このテクニックが効果を発揮するのは女性に限りません。男性にも効きます。

そこで僕は、初対面の人に会ったら、できるだけそのときの様子を覚えておくようにしています。そして、「初対面のとき、ボーダーの服を着ていましたよね。その印象が強いんです」とか、「初めてお会いしたとき、ご結婚されたばかりでしたよね。すごく幸せそうだったので、よく覚えています」とか、「初めて会ったとき、ビールを8杯飲みましたよね？　お酒が強すぎておもしろかったです」などと、なにかのタイミングで伝えるようにしています。

これだけで、「ああ、この人はよく覚えてくれているんだな」と好意的に思ってもらいやすくなります。また自分の側も、初対面の印象は残りやすく記憶しやすいのです。

使える方法なので、これから会う人には、ぜひ試してみてください。

話を戻しますが、モテない人の波形を分析してみると、「CP（厳しさ）」が高い人に加えて、「NP（優しさ）」の低い人が非常に多いことに気づかされます。「相手の気持ちがわかる」とか「相手に配慮できる」といったことはコミュニケーションにおいてとても大切な要素ですが、その力を司《つかさど》るのが「NP（優しさ）」。これが低いということは、相手への共感能力も低い可能性が考えられます。

ちなみに、この「NP（優しさ）」が高い人ほど人生の満足度も高いのです。たとえば離婚したり、事業に失敗したりするなどの不幸に見舞われても、なんだかんだでうまくやっていく人がいます。そういう人は、「NP（優しさ）」が高いことが多いのです。これには、「優しい人だから周囲に好かれ、助けられる」という面があるでしょうし、「他人への感謝の気持ちなどが強いので、小さなことでも幸せに感じられる」という面もあると思います。

「NP（優しさ）」を上げるにはどうしたらいいでしょうか。第3章も参照していただきたいのですが、人に頻繁に会ってコミュニケーション能力を高めていくことがまずひとつ。またはペットを飼うなど、なにか愛情を注げる対象を持つことが効果的です。ペットを飼うのが無理なら、植物を育ててみるのもいいかもしれません。

こうして、自分以外の「なにか」を可愛《かわい》がれるようになると、自然と「NP（優しさ）」は上がっていきます。

話が長い彼女をどうにかしたい

Q 彼女の話がとにかく長いんです。なんで1分で終わる話を、1時間にして話すのだろう……と思ってしまいます。しかも、最後まで話に付き合わないと「どうして私の話を聞いてくれないの！」と怒られるんです。女性がおしゃべり好きなのはわかりますが、限度があります。なんとか改善できないものでしょうか？

A

相手の会話を整理してあげる、これに尽きます。


よくいわれることですが、女性と男性は、そもそも「会話の目的」が違います。

女性は「楽しく時を過ごしたいから」会話をしているのに対し、男性は「情報が知りたいから」会話をしています。つまり、男性の会話には「ゴール」があるケースが多いのですが、女性の会話にははっきりしたゴールがなく、男性はなんとなく取り留めのない印象を受けてしまうのです。

ただ、女性のなかでも「A（論理性）」が高いタイプは、話の要点をまとめるのが上手です。波形でいえば、「台形型」（37〜38ページ）や「Aトップ型」（41ページ）などがそうです。

話が長い女性への対応策としては、とにかく会話の順序を整理してあげること。もちろん、「結論はなんなの？」「早く言ってよ」「要点をまとめて」などと言おうものなら、「冷たい！」「ひどい！」と悪しざまに言われることは間違いありません。そうではなく、〝すごく上手な聞き手〟になって、「そうなんだ」「どうしてなの？」などとうまく誘導して交通整理をするのです。

それだけで、かなり改善されると思います。
とはいえ、「男性と女性は違う生き物だから」とある程度あきらめて、話を聞くことも必要です。それでも、どうしても「話の長いいまのパートナーは嫌だ！」ということであれば、その人とは別れて、「A（論理性）」の高い女性を選ぶことをオススメします。

【話が長くなりがちな波形】
N型I、Aボトム型、M型
【論理的に話ができるタイプの波形】
Aトップ型、台形型、
ACボトム型

浮気性を直すには？

Q 妻がいるのに、つい浮気をしてしまいます。女性とそういう雰囲気になったときは、「さすがにまずいだろう」と葛藤《かっとう》するものの、最終的にはブレーキが利かずに、関係を持ってしまうことが多いのです。浮気性を直す方法はあるんでしょうか？
A 肉体的な欲求からの浮気か、精神的な欲求からの浮気か。まずはそこから見定めを。

浮気者には2種類あって、ひとつが「すでに決まった人がいるのに、別の人とも関係を持ってしまう」タイプ、もうひとつが「とにかくたくさんの人と関係を持ちたい」というタイプです。

前者の「すでに決まった人がいるのに、別の人とも関係を持ってしまう」のは、「M型」（37ページ）や「台形型Ｉ」（37ページ）と呼ばれる明るくて陽気な波形の人か、「NPトップ型」（40ページ）や「N型Ｉ」（39ページ）など「NP（優しさ）」の数値が高い、優しくて穏《おだ》やかな波形の人に多いといえます。

「M型」や「台形型Ｉ」は、ワイワイとたくさんの人に囲《かこ》まれることが好きですが、それは裏を返すと、常に誰かと一緒にいないと不安になってしまう寂《さび》しがり屋だからでもあります。そのため決まった相手がいても、ちょっと連絡が取れなかったり、会えない期間が続いたりすると寂しくなって、「誰かと精神的に、肉体的につながりたい！」とばかりに、浮気をしてしまうことが多いようです。また、「台形型Ｉ」の人のほうが合理的な人が多く、気持ちが浮つくことが少ないため、浮気がバレにくい傾向にあるようです。

一方、「NPトップ型」や「N型Ｉ」は、非常に優しい性格であるため、「相手の期待に応《こた》えてあげたい！」という気持ちで浮気をしてしまうことが多いようです。自分から積極的にアプローチするようなことはなく、誰かにアプローチされて断りきれずについ流されて、というパターンです。

後者の「とにかくたくさんの人と関係を持ちたい」というのは、「CP（厳しさ）」と「FC

（自由奔放さ）」が高い「逆N型」（39〜40ページ）に多い傾向です。

このタイプは自己顕示欲《じこけんじよく》が非常に強く、常に「自分のことを認めて欲しい」と思っています。相手の気持ちは二の次で、自分の快楽や征服欲を優先させやすい。だからこそ、複数の人と身体だけの関係を持ちたがるのです。いわゆる〝プレイボーイ〟と呼ばれる人たちは、この波形に属していることが多いようです。

性欲は人間の三大欲求のひとつでもあるので、根源的にこの欲求が強い人は、簡単には直りません。けれど、一時的かもしれませんが、浮気性は直そうと思えば直せます。方法は、その人の波形の振れ幅やどういう環境にいるのかによって変わってきます。

たとえば、「特定の相手がいるのに、つい浮気をしてしまう」タイプ。こうした人は、「FC（自由奔放さ）」を下げればいい。つまり、自由闊達《かったつ》に遊びまわるようなパワーをなくしてしまえばいいのです。

それには、徹底的なルーチンワークが一番効果的です。たとえば、お遍路《へんろ》に出てひたすら歩いてみる、座禅《ざぜん》を組んでみる……など、とにかく精神

【肉体的な浮気に陥りやすい波形】

逆N型、Aボトム型、FCトップ型、ACボトム型、U型Ⅱ

【精神的な浮気に陥りやすい波形】

M型、台形型Ⅰ、CPボトム型、NPトップ型、N型Ⅰ

的に疲弊《ひへい》させるといいのです。
また、大勢の人と「身体だけの関係」を持ちたがるタイプは、セックス以外のなにかで自分の「認められたい」という欲求（承認欲求）を解消します。
このタイプにとってセックスは「趣味」のようなもの。だから、違う趣味に切り替えてしまえばいいのです。オススメは、ダイビングやトライアスロンなど、激しく身体を使うアクティビティ。「Ａ（論理性）」を高めれば、こうした趣味の切り替えが上手にできるはずです。

セックスレスを解消するには？

Q 結婚して数年経つのですが、性欲がまったくなくなってしまいました。妻にも愛想《あいそ》をつかされてしまい、セックスレスが続いています。このままでは離婚に至るのでは……と不安でしかたありません。一度冷えきってしまった夫婦の関係は、もう元には戻らないんでしょうか？
A ジェットコースターなど、ドキドキする体験を一緒に味わいましょう。

これまで数千人分の波形を見て、直接診断してきました。その経験上「性欲が薄い」性格タイプが存在すると感じています。

代表的なのが、ほかの指標に比べ「NP（優しさ）」だけが極端に低い、「NPボトム型」（42ページ）です。このタイプ、他人に愛情を持つのがへたで、そもそも性欲が薄いです。また、「FC（自由奔放さ）」だけが極端に低い「FCボトム型」（42ページ）も、とにかく安定が大切で余計な刺激を求めない傾向にあり、性欲はもともと低いといえます。ほかにも、内弁慶《うちべんけい》で職人肌ゆえストレスを溜《た》めやすい「U型Ⅰ」（38ページ）や「U型Ⅲ」（38ページ）、そもそも何事に対しても欲求がない草食系タイプの「ライン型Ⅱ」（36ページ）も、性欲は薄いようです。

中年になってから最もED（勃起不全《ぼっきふぜん》）になりやすいのは、「Aボトム型」（42ページ）です。「コントロール不能なトラブルメーカー　突拍子《とっぴょうし》もない激情人間」というキャッチフレーズをつけていますが、ここからもわかるように、自分のことを律《りっ》するのがヘタな人が多いといえます。

若いうちはガンガン遊びまくり、性欲の赴《おもむ》くままに行動したりしますが、その半面、とても打たれ弱い人でもあります。たとえば、セックスに失敗する、浮気をされるなどといった経験を後々まで引きずり、メンタルが原因でEDになりやすいようです。

さてご相談は、妻に対して性欲がなくなってしまったということでした。

一番いいのは「気にしない」こと。冷え切った夫婦関係を改善するには、「FC（自由奔放さ）」を上げるのが早道です。僕がオススメしているのは、パートナーと一緒に「絶叫マシーンに乗ってみる」「普段は行かないような場所に一緒に旅行に行ってみる」など。非日常的な体験を一緒にするのが効果的です。慣れない場所に行ったり、慣れないことをしたりすることで、必然的にお互い助け合う必要に迫《せま》られ、仲が深まる。また、ドキドキする体験を共有することで一緒にいる人に好意を抱いていると錯覚《さっかく》する、「吊《つ》り橋効果」もあると思います。

実際、「僕の性欲が下がって、奥さんとの仲がこじれてしまったんですけど、どうしたらいいでしょうか？」という40代半ばの男性にこのようなアドバイスをしてみたところ、冷え切った夫婦関係が改善したことがありました。

彼は、週末に富士急ハイランドの絶叫マシーンに乗るとか、遠方までドライブに行くなど、「非日常」を感じさせる場所に奥さんを誘いだしました。何度も足を運んでいるうち、次第に奥さんの態度が変わってきて、彼に対する不満をはじめ、本音を口にするようになっていったといいます。そうして1～2年後には、２人は僕も驚くほどに仲が良くなって、いつしかセックスレスも解消されていました。

後日、彼に話を聞いてみたところ、「当時は、年齢的に出世も望めなくなり、会社での立ち位置を考えるようになっていました。そうしたら急に、自分に自信がなくなってしまったんです。きっとそんな姿勢が妻にも伝わって、呆《あき》れられて、セックスレスになったんだと思います。でも、日常から離れて一緒にいろんな体験をしたことで、『人生は会社だけじゃないんだな』と気づきました。それが、結果的に妻との関係の修復につながったんじゃないかと思います」と打ち明けてくれました。

単純に、奥さんと一緒に過ごす時間が長くなって仲が深まった……というのが、セックスレスが解消された理由なのかもしれません。でも、家や近所より、普段の生活とは離れた場所で一緒になにかを体験することで、問題は早く解消するように思います。


【セックスレスに陥りやすい波形】

W型、FCボトム型、U型Ⅰ・Ⅲ、NPボトム型、ACトップ型

紋切り型の回答は存在しない

性格診断を仕事にしていると、実にたくさんの相談を持ち込まれます。

「恋愛がうまくいかない」

「転職したいが、どんな職種が自分に合っているのかわからない」

「お金が貯まらない」

その内容は実にさまざまです。

これまで、のべ37万人以上のアンケート調査データを取得し、数千人の対面診断をこなしてき

ました（2015年7月時点）。いままでは、僕自身のなかにも独自の性格診断のデータベースが形作られています。

しかし、どんな相談も紋切《もんき》り型の回答は存在しません。その人自身の波形によって、相談内容の性質が変わってきますし、僕のアドバイスの内容も当然のように変わっていきます。

そこでここからは、実際に僕が出会った人たちを紹介しながら、僕がディグラム診断に基づいてどのようなアドバイスをしたのか、そのアドバイスによって相談者がどのように変わっていったか、お話ししていきたいと思います。

だめんずに囚われた30代Aさん

「木原さん、私、どうしても恋愛がうまくいかないんですよ～」

30代前半のAさんから相談を受けました。彼女は誰もが知っている海外ブランドの広報を担当しているキャリアウーマン。ハキハキとした受け答えで、他人への気遣いも上手で、話をしていてもとても初対面とは思えません。非常にコミュニケーション能力の高い人でした。また、見た目もかわいらしく、恋愛がうまくいかないようには見えませんでした。

木原「Aさん、全然そんなふうには見えないですよ。相手の男性に対して、高望みしすぎるんですかね？」
Aさん「そんなことありません！　『これは！』と思う男性と付き合っても、騙《だま》されたり、お金を貢《みつ》がされたり、浮気をされたり……となかなか良縁に恵まれないんですよ」
木原「でも、いまは彼氏がいるんですよね？」
Aさん「一応いるんですけど、年上のコンサルタントなのに、デートのときには割り勘か、もしくは私持ちが当たり前だし、場合によっては私がお金を貸したり、立て替えたりすることも多いんです」
木原「失礼ですけど、彼は金銭的に困ってるってことですか？」
Aさん「いや、別に彼が金銭的に困っているんだったら私も応援してあげたいんですけど、彼の口ぶりでは仕事の調子もいいみたいだし、とくにお金に困っている感じでもないんですよねえ……」
木原「そうですか……」
Aさん「しかも、デートの約束をドタキャンされたり、何日も連絡がつかない日があったりするんですよー！　時々、家に見覚えのない化粧水が置いてあったりして……。別の女が来たのかと思って問い詰めたら、『いや、それは母さんが来たときに……』なんて、言い逃れをするんです！」

木原「それ、完全に浮気されているんじゃないですか？ たぶん、されてると思いますよ」
Aさん「でも、本当にお母さんが来ている可能性もあるから、私もそれ以上は強く言えなくて……。ドタキャンや連絡がつかなくなることもありますが、仕事が忙しいからかもしれないし……。あまりうるさいことを言って、重い女だと思われるのも嫌だし……」
初対面の僕にも、明らかに「だめんず」と思《おぼ》しき男性とお付き合いしているとわかるのに、Aさんは彼に対して強く出られない。しかも、僕が「彼とは距離を置いたほうがいいんじゃないですか？」とアドバイスをしても、「私が悪いのかもしれない」「彼にもなにか考えがあるのかもしれない」とまったく聞く耳を持ちません。
30代前半で、「できれば早く結婚したい」という願望もあり、理想と現実とのギャップに、彼女は心身ともにすっかり消耗している様子でした。

「NPトップ型」女性の落とし穴

一見、モテそうな女性なのに、いったいなにが問題なのか。診断してみると、彼女は「NPトップ型」（40ページ）という、「NP（優しさ）」が高く、「A（論理性）」がちょっと低めの波形の持ち主でした。

この性格の人は、非常に優しくて感受性が強い一方、自己犠牲の精神が強く、他人に流されてしまいやすい傾向があります。また、恋愛においては、恋する相手を頭から信頼しきって、冷静な判断を下せなくなりがちです。

本当は優しくて包容力《ほうようりょく》のあるパートナーが一番相性がいいのですが、このタイプは自分で判断するのがやや苦手で、すぐに「答え」が出ることを求める傾向にあるため、ついつい自己主張の強い人に惹《ひ》かれてしまいがち。周囲からどんなに「その人はやめたほうがいいよ」とアドバイスされても、「彼には私が必要だから……」とみずから深みにハマってしまうケースが多いのです。ひと言でいえば、「ダメな男性に引っかかりやすいタイプ」。

この波形の人が、本当に自分に合うパートナーを見つけて恋愛で成功するには、「A（論理性）」を上げて、冷静な判断力を養《やしな》うこと。そこで、彼女にまずお願いしたのは、「毎日日記をつけてみる」ことでした。日記を書く行為は、毎日の自分の行動や考え方を振り返るきっかけになり、自分のことを冷静かつ客観的に見るために効果的な方法です。

実際に日記をつけ始めたところ、「以前、彼がこんなことをして、私が傷ついた。そのときに彼は『ごめん。もうしない』『自分の悪いところは直す』と言っていたのに、また同じことを繰り返している」「彼は私のことを『大切にしている』と言うけれど、本当に大切に思っているんだろうか？」と、彼女のなかで、彼の行動の矛盾《むじゅん》点や自分の本当の思いがはっきり見えてきたそうです。

「日記を書く」行為を通して、ものごとを客観的に見る習慣が身についた彼女は、徐々に、彼の気になる点があったら躊躇《ちゅうちょ》せずに指摘することができるようになっていきました。

30代からバレエを始めてみる

変化を見せ始めた彼女に対し、僕はもうひとつアドバイスしました。

「なにか、自分が自信を持って活動できる場を作りましょう」

この「ＮＰトップ型」と呼ばれる波形の人は、自己評価が低く、自分に自信がありません。そのため、周囲の目を気にしすぎたり、相手の意見に引っ張られたりする傾向があります。その状態を脱却《だっきゃく》するには、「自信をつける」ことが一番。そのためには、仕事や習い事や新たな趣味など、これまでの日常の枠《わく》を飛びだして、他人の目を気にせずに自己表現する場を獲得することが非常に大切になってきます。

彼女の場合、仕事面は安定していました。にもかかわらず「都合のいい女」になってしまっている。ならば、プライベートでなにか新たな変化を加えることが重要なのではないかと考えました。さっそく、Ａさんにヒアリングしてみることにしました。

木原「Ａさん、子どもの頃に好きだったものとか得意だったことはなんですか？」

Aさん「そうですねえ……。なにが好きだったんでしょうか。得意だったことも、とくにないような気がします」
木原「もしくは、昔、なにか夢を持ってたけど、あきらめたものとかありませんか？」
Aさん「うーん……。あ！　そういえば、私、昔バレエがすごく好きで、一時期バレエをやっていたことがあるんです。いつか『白鳥の湖』を舞台の上で踊《おど》りたいって思ってたんですよね」
木原「じゃあ、その夢を実現するべく、バレエをやってみたらいいんじゃないですか？」
Aさん「え、もうバレエから離れて10年以上になるんですよ！　いまさらやってみていいんですかね……。うまくいくかもわからないのに」
木原「そんなことを気にする前に、まずはやってみればいいんですよ。とりあえず、いますぐバレエ教室の申し込みをしてきてください」
Aさん「わ、わかりました……」

自分が変わったら理想の恋人が

「バレエをやってみたら？」という僕の提案に驚いたようでしたが、Aさんは数日のうちにバレエ教室に申し込みに行き、レッスンに通いだしました。
当初は「アラサーにもなって新たに習い事をするなんて！　しかも、いまさら『白鳥の湖』を踊るなんて無謀すぎる！」と戸惑いを隠せなかったAさんですが、数ヵ月もすると、昔から抱いていたバレエに対する情熱や、かつて培《つちか》った感覚を取り戻したようで、みるみるバレエにハマっていきました。

「木原さん、バレエ、すごく楽しいです」

と嬉々《きき》として語る彼女。

バレエにハマるにつれて、彼に対する依存心がなくなっていったのか、プライベートは徐々にバレエ中心の生活になっていきました。そのうち、長いこと別れられずにいた彼とはきっぱり決別し、1年ほどした後、ついに念願だった『白鳥の湖』を舞台で踊る日がやってきました。

彼女の波形を新たに診断してみると、「A（論理性）」がみごとに上昇して、「NP（優しさ）」が突出して高い「NPトップ型」から、「NP（優しさ）」と「A（論理性）」が高い「台形型II」（37ページ）と呼ばれる波形に変化していました。これは、ディグラム診断のなかでも、優しさと合理性を兼ね備えた理想的な波形のひとつです。

「『白鳥の湖』は、完璧に踊ることができました！」

喜ぶAさんでしたが、ほかにもうれしい報告がありました。以前の彼とは別れ、新たに別の男性とお付き合いし、婚約することになったというのです。

「婚約者の彼は、前の彼氏とは真逆で、年下で優しく、ちょっと頼りない。でも、かわいい弟のような存在なんです。だから、『私が頑張って引っ張ってあげなきゃ』といつも思わされています。前の彼と一緒にいたときのようなストレスはいっさいないですね」

そう語るAさんに、以前のような疲れきった様子はまったくありません。自信に満ちあふれ、凛《りん》とした強ささすら感じられます。

Aさんには、いまでもときどき会う機会がありますが、いつも幸せそうに婚約者の隣《となり》で微笑《ほほえ》んでいます。


Aさんのように、他人から見ると明らかに「ダメな状態」に陥《おちい》っていたとしても、自分で自分の状態を把握《はあく》するのは難しいものです。ディグラム診断は、自分の性格を客観的に把握し、かつ「なにが足りないのか」「どうやって自分のうまくいかない傾向を変えることができるのか」といった改善点を考えるうえで非常に役に立ちます。

彼女の場合は、もともと「NPトップ型」という波形で、非常に素直だったため、ちょっとしたアドバイスで劇的に変わることができたのかもしれません。しかし、彼女が特別なのではありません。あなただって「性格」を変えて、理想の相手にめぐり合うことはできるのです。

診断で起業に成功したBさん

次は、ディグラム診断を有効に使って、起業に成功した30代前半の男性Bさん。

Bさんは、もともと某大手人材系企業で営業を担当していました。アイデアマンである彼は、入社当初から頭角《とうかく》を現し、次々と大型顧客を開拓するヤリ手として知られるようになっていきました。実は、僕もリサーチャー時代に彼と仕事をしたことがあるのですが、非常に優秀な営業マンだなと思ったことをよく覚えています。

そんな彼が、30代半《なか》ばになったある日、改まって相談にやってきました。

「木原さん、実は僕、起業しようと思っているんです。いま考えているビジネスプランは、アイデア自体は悪くないので、軌道《きどう》に乗れば成功すると思うんです。でも、周囲に『起業する』って話してもいまひとつ反応が良くなくて……。そうしたところ、『木原さんに相談したら？　ディグラム診断やってもらいなよ』と言われたんです。ぜひお願いします！」

たしかに、彼は優秀で頭もキレるし、企画力もある。若くして大きな仕事をさまざま手がけてきて、経験も豊富。ただ、「経営者になる」と言われると、どこか危《あぶ》なっかしい印象が拭《ぬぐ》えません。その「モヤモヤ感」の原因を解明すべく、さっそくBさんの波形を診断してみることにしました。

診断の結果、彼は「Aボトム型」（42ページ）と呼ばれる「A（論理性）」の著しく低い性格であることが判明しました。しかも、ほかの要素はほぼ満点なのに、「A（論理性）」だけが0点という〝みごとなAボトム型〟でした。

このタイプは、瞬発力と他人とは異なる発想力を兼ね備え、非常に才能にあふれているのですが、その一方で、合理的に物事を考えるのが苦手です。そのため、計画的に進めたり、なにかを長期的な視点で考えたりするのがあまり上手ではありません。

いうなれば、壮大なゴールを上手に描くものの、その間をつなぐステップやプロセスを考えることができないタイプ。また、飽きっぽくて、事務作業のような細かいデスクワークもあまり上手ではありません。

波形分析で足りないものを埋める

木原「Bさん、経費の精算とか、スケジュール管理とか苦手なタイプじゃないですか？」
Bさん「え、なんでわかるんですか！　精算はいっつも締め切りに間に合わず、経理の人に怒られてます！　あと、打ち合わせとかもついついダブルブッキングしてしまったりして、クライアントに迷惑をかけちゃうこともあるんですよね……」

木原「それでもBさんが営業マンとして優秀だといわれるのは、アイデアやコミュニケーション能力など、ほかの部分がずば抜けているからでしょうが、経営上、事務作業やスケジュール管理ができないというのはちょっと致命的ですよね……」
Bさん「ですよね、僕もそう思うんですよ」
木原「でも、Bさんの波形は発想力が人一倍優れている波形でもあるので、経営者として向いていると思います。ただ、せっかくのアイデアを具体的に形にするプロセスは、Bさんだけだと難しいかもしれません。
そこで相談なのですが、誰か非常に合理的で、Bさんをサポートしてくれるような〝番頭《ばんとう》さん〟的な人は周りにいないでしょうか。そういう人と組んだら、きっとうまくいくと思うんです。一人でやろうとすると細かい部分でミスが生じて、失敗するリスクが高くなっちゃうんじゃないかと思います」
Bさん「わかりました。ちょっと探してみます」
木原「あ、ちなみに、パートナーにするのは年下の人のほうがいいですよ。年上だと、おそらくBさんと対立してしまうと思うんです。年下のほうがBさんも意見を言いやすいでしょうし、相手も『Bさんは年上だからな』と納得してくれると思います」
Bさん「わかりました。年下でしっかりした人をちょっと探してみようと思います」

当初一人で起業する予定だったBさんですが、さっそくパートナー探しをスタートさせました。

数ヵ月後、「この人と起業しようと思います」とBさんが連れてきたのは、彼よりも年下で、非常に「A（論理性）」が高い「Aトップ型」（41ページ）の波形の持ち主でした。

その後、起業したBさんですが、会社はすぐに軌道《きどう》に乗っていきました。たぐいまれなアイデア力を活かして、いまも社長として頑張っています。また、サラリーマン時代は「なんでも一人でやる」といったワンマンプレーも多かったのですが、実際に起業してみると、「周囲に助けられながら仕事をしている」という感覚が強くなってきたようです。徐々に周囲を見渡し、協調性を持って行動する癖がついてきた、と言っていました。

波形変化が悪影響したCさん

環境によって、人は、当初の自分のものとは違う波形になることがあります。その変化が好影響をもたらすこともありますが、時に反対に悪影響を及ぼしてしまうことがあります。

30代前半の男性Cさんのケースは、波形が変わったことがマイナスに作用してしまった典型例でした。

「転職をしたいと思っているんですけど、ちょっと相談に乗ってもらえませんか？」

Ｃさんは、そういって相談に訪れました。

彼は、某大手ＳＮＳの営業マン。僕も、彼とは数年来の付き合いがありました。非常にノリがよくて、仕事も遊びもバリバリこなすような印象だったのですが、久しぶりに会ってみると、以前とはどうも様子が違います。

さっそくディグラム診断をしてみると、「ＡＣトップ型」（41ページ）の波形です。これは、「ＡＣ（協調性）」が非常に高く、周囲に対する気配りを常に最優先に考えるため、自分でストレスを抱え込んでしまうところがあります。また、自己評価が低くなりがちで、時に精神的に危《あや》うい状態に陥ってしまうこともあります。

正直、人に気を遣うところはありましたが、ノリもよくて明るい印象だったＣさんがこの波形であることに驚きました。おそらく、職場かプライベートで彼の性格を変えてしまうなにかがあったはず。

ヒアリングしてみると、予想は当たっていました。同世代に比べても給料はそこそこもらっていて、時代の最先端ともいえるネット企業で働いている。にもかかわらず、なぜか仕事に対するモチベーションが上がらない。さらに、仕事に対する自信を喪失《そうしつ》してしまっている。そこで相談にやってきた――と打ち明けるではありませんか。
大手のクライアントを任され、やりがいも責任感も充分ある仕事に携《たずさ》わっているのに、なぜモチベーションが上がらず、周囲の顔色を窺うような「ACトップ型」になってしまったのでしょうか。彼ともう少し話してみることにしました。
木原「最近、仕事で自信を喪失しているとのことですが、なんでそうなってしまったんですかね？」
Cさん「最近、SNSは他社でもいろんな商品を出してきているので、以前ほど営業がうまくいかなくなってきたんですよ。だから、仕事をしていても、前ほど達成感を見出せないんですよね」
木原「なるほど。職場で異動願いを出すとか、そういう可能性は考えたんですか？」
Cさん「それも考えましたが、正直、もう営業以外の仕事はやらせてもらえないと思うんです。それに、SNS業界にもそれなりに長くいたので、別の部署に移ったとしても、結局は同じことの繰り返しだと思います。だから、転職したいなって思ったんです」
木原「じゃあ、どんな職種だったら、もっと自分が活躍できると思います？」
Cさん「うーん、いまは全然思い浮かばないんですよね……。そもそも、いまの状態で転職して、自分がうまくやっていけるかもわからないんです。もう、本当に自信がないんですよ……。なんでこうなっちゃったんだろう」

彼は、明らかに職場の状況や自分の将来のことを考えすぎて、自信を喪失していました。「転職したい」という明確な意志はあるものの、どういう選択をしたらいいかわからない。仮に選択しても、その選択でよいと確証が持てないので動けない……という悪循環に陥っていたようでした。

海外一人旅で悪循環を抜けだす

僕が見る限り、とにかく自分に自信がなさすぎるうえに、周囲のことを気にしすぎたり、人の顔色を窺ったりする傾向が強すぎました。必要なのはおそらく、上がりすぎた「ＡＣ（協調性）」を下げること。そのためにいい方法はなんだろう……。

「とりあえず、海外に行ってみたらどうですか？」

僕がアドバイスすると、「え？　なんでですか？」と最初はかなり戸惑った様子でした。

「悩んでいるなら海外旅行に行け」という提案は、突拍子《とっぴょうし》もないことのように感じられるかもしれません。けれども、実は、「ＡＣ（協調性）」を下げるために、海外旅行は非常に有効な手段なのです。

海外で日常とはまったく違う生活をし、異文化に触れることで、自分がいまいる世界の常識や枠組みから離れ、周囲の目が気にならない環境で自由を取り戻す。海外にいれば協調しなければならない相手はいませんから、自然と自分の足で立つことになる。それが、この提案の狙《ねら》いでした。

しかし、ただ漫然《まんぜん》と海外旅行をするのでは効果は薄い。そこでさらに、僕が提案したのは、「絶対に一人で行く」ということ。

Ｃさんのような状態では、同伴者がいたらその人の考えに影響されてしまいます。また、その人に気を遣って本当のリフレッシュにならない。本当にノープランで、気ままな旅をして、これまで自分を縛《しば》ってきた「日常」から抜けだすのです。

もうひとつ彼に提案したのが、「できるだけマイナーなところに行く」こと。これも、現地に日本人の観光客がいると、日本での自分の生活を思いだしてしまう危険性があるのと、あまりに観光地化された場所や都市部に行ったとしても、日常からの変化に乏《とぼ》しいからです。どうせなら、自分の想定を超えたまったく非日常の環境に身を置くほうが、「ＡＣ（協調性）」を下げるには有効です。

「あまり深く考えず、ダーツで行き先を決めるぐらいの軽いノリでいいと思いますよ」と背中を押すと、彼は「なんとなく南国に行きたい気がする」というぼんやりしたイメージを語りました。

数週間後、Cさんは長期の有給休暇を取り、マレーシアの離島に単身旅立ちました。

それからしばらくして、旅行から帰ってきたCさんに再び会いました。すると、だいぶ様子が変わっています。少なくとも、当初相談に来たときのような、周囲を窺うような自信のなさは払拭《ふっしょく》されていました。数週間、海外で単身で生活してきた経験が、彼に「本来の自分」を多少なりとも取り戻させたようでした。波形を見てみると、「AC（協調性）」が下がり、代わりに「CP（厳しさ）」が上がっていました。

話をしていくうちに、彼は本音を語り始めました。

本当はルーチンワークが苦手なこと。でも、いまの職場では上司のトップダウンが激しく、「言われた通りのこと」をこなさないと処罰の対象になってしまうこと。いまの会社に入ったのは、「安定」を求めたからだけれども、自分が安定より「刺激」や「変化」を求めるタイプだと気がついたこと。

本当は、プログラマーやデザイナーなどクリエイティブな職種につきたかった。しかし、いまからプログラマーやデザイナーになるだけの気力は自分にはない——。

そこで、最終的に彼が出した結論は、「外資系に行く」ということでした。安定した大企業でルーチンワークをこなすより、毎日新しい状況に直面し、自分の実力でなんとか切り抜けていくような刺激的な日々を彼は選択しました。

実際に転職してみると、彼本来のパーソナリティは外資系の水に非常に合っていたようです。「日々ツライこともあるけれど、やりがいがある」と喜んでいました。会社を替わってから数年以上経過していますが、彼は転職先の会社で毎日頑張っています。

女性上司との関係に悩むDさん

ディグラム診断は、使い方次第でこじれてしまった人間関係の改善にも役立ちます。

某大手広告代理店に勤める20代後半（当時）のDさんという男性が相談にやってきました。「職場の直属の上司との人間関係に悩んでいる」ということでした。

彼の直属の上司は、彼よりも少し年上の女性でした。Dさんは、その女性上司とどうしてもそりが合わなかったそうです。

仕事には満足しているものの、自分がなにかするといちいち「それはやり方が間違っている」「なぜ私の言った通りにやってくれないのか」と、上司の横槍《よこやり》が入ります。そんな状態が続くうち、Dさんは女性上司の言動に精神的な苦痛を覚えるようになってしまったそうです。そこで彼が考えたのが、「いまの職場からいかに異動するか」。それが叶《かな》わないならば、転職もやむをえないとまで思い詰めていました。

さっそく彼の波形をチェックしてみると、「CPトップ型」（40ページ）であることがわかりました。「CP（厳しさ）」がほかの指標よりも非常に高く、時間やルールに厳しく、何事に対しても一家言あるタイプ。また、自分の流儀《りゅうぎ》を適用したがる傾向も強いといえます。

とはいえこのタイプは、仕事ができないわけではありません。だから、Dさんの場合、その女性上司との相性になにか問題があるのではないかと思われました。

詳しく話を聞いていくと、その女性上司は、若くして管理職になったバリバリのキャリア系OL。地方出身で、地元ではお嬢様で通っているらしく、プライドも高いようです。

正確に把握するため、女性上司にも、こっそり別の人にお願いしてディグラム診断を受けてもらい、その波形を診断してみました。するとおもしろいことに、なんとその女性の波形も、Dさんと同じ「CPトップ型」であることが判明したのです。

必ずしも同じ波形同士だと相性が悪くなるということではないのですが、この「CPトップ型」同士は、あまり相性がよくありません。互いに「CP（厳しさ）」が高く、自己流のルールを持っている。これは、違う流派で修業を積んだ剣豪同士が居合わせるようなもので、ある種の競争関係が生まれてしまうことは必至。

「木原さん、いったいどうすればいいんでしょうか？」

「彼女になにか言われたら、最初はどんなことでも『わかりました』と笑顔で答えるようにしてください」

それを聞いた彼は、たちまち難色を示しました。

「え？　木原さん、あの上司に僕がイエスマンになったとか、自分が屈服《くっぷく》させたとか思われるのは嫌ですよ！」

「いやいや、イエスマンになる必要はありません。彼女に対しては、とにかく笑顔をキープすること。そして、最初に『わかりました』とワンクッションを入れるだけでいいんです。もし、彼女の意見や命令がDさんの意に反することだったら、その後で自分の意見を言っちゃっていいですから。もう、本当に短い期間でいいので、割りきってぜひ一度やってみてください」

「……わかりました」

しぶしぶといった様子でしたが、彼はしばらくの間、僕のアドバイス通り、彼女に対して笑顔で接するように心がけてくれることになりました。

「天敵」が最高のパートナーに

「あの女性上司との関係が、劇的に改善しました！」

しばらく経って、Ｄさんが嬉しそうに連絡してきました。

「でも木原さん、いったいどういうことなんでしょう？」と驚く彼に、説明しました。

実は、彼にお願いしたのは、「自分が苦手だと思っている女性上司の存在価値を認める」という行為でした。これは、心理学用語では「ストローク」といいます。

「ＣＰトップ型」は、自分のやり方や意見を通そうとする傾向が強いため、自分の仕事や意見が否定されるのを極端に嫌うところがあります。だからこそその女性上司は、正面から刃向かって否定してくるＤさんとぶつかったのです。

彼が正しいことを言っていたとしても、いっさい受け入れずにはねつけたり、彼のやり方を逐《ちく》一《いち》否定してかかったりしてきたのは、そのためでした。

Ｄさんの女性上司のような人の態度を軟化させて仲良くなるために一番良いのは、「正しい」と思う意見をぶつけて真っ向から議論を闘わせることではなくて、反対に、優しくその考えを認めてあげることなのです。

有名なイソップ寓話《ぐうわ》、「北風と太陽」を思いだしてください。北風と太陽が言い争って、道行く旅人の服を脱《ぬ》がせたほうが勝ち、という勝負をすることになりました。北風が冷たく厳しい風をいくら吹き付けても、旅人は服をしっかり摑《つか》んで放しません。それどころか、さらに一枚服を身にまとってしまいます。しかし、太陽が温かな日差しで旅人を包むと、旅人はみずからどんどん服を脱ぎ、最後は裸《はだか》になって川に飛び込みます。

同じように、人と人の関係においても、北風ではなく太陽こそが相手の強固な心の鎧《よろい》を脱がせるのです。

的確であっても、Dさんが厳しい意見を突きつければ突きつけるほど、女性上司の態度は硬化してしまいます。ならば一度相手を受け入れて、自分は敵ではない、むしろ味方であると示してしまうのです。懐《ふところ》に飛び込んでしまえば、後は驚くほどこちらの考えを受け入れてくれやすくなっていきます。

それに、この「CPトップ型」という波形の人は、周囲に敵を作りやすいところがあります。おそらくこの女性上司は、Dさんだけでなく、ほかの部下や同僚にも警戒され、壁を作られているところがあったはずです。それゆえ、急な変わり身でしたが、自分の意見をちゃんと聞き、受け入れてくれるようになったDさんに優しく接するようになったのです。

その後も、女性上司の波形に合わせた「笑顔」作戦を続けたDさん。彼女との関係はきわめて良好。最初は単なる「フリ」でしかなかった彼女に対する笑顔も、自然にできるようになっていったそうです。

結局、数年後にその女性上司が異動するまで、Dさんはずっと彼女の部下のままでした。彼女が異動するときの送別会では、その女性上司は泣きながら、「Dくんはいつも頑張ってくれて、私にとって、本当にかけがえのない部下でした」と語ったそうです。

またDさん自身も、それまでは自分の意見を強く貫《つらぬ》き通すところがあったものの、女性上司に笑顔で接することを続けたことで、結果的に「NP（優しさ）」が上昇し、周囲と喧嘩《けんか》することもなくなっていったようです。

もちろんこのやり方は、彼らが二人とも「CPトップ型」という波形の組み合わせだったから成立しました。相手の波形によっては、笑顔で受け入れているだけではいいように利用されて終わってしまったり、軽く見られてしまったりする危険性もあるかもしれません。

性格には「組み合わせ」があります。自分の性格と相手の性格を把握し、お互いにどのように作用するかを的確に見定めるために、ぜひディグラム診断を使って欲しいと思うところです。

第5章　ディグラムを使って、テーマ別診断を作る!——古賀寛子×ディグラム・ラボ

ディグラム診断の新たな可能性

ここまでの説明で、ディグラム診断は、セルフカウンセリングツールとして個人の悩みの解決にも使えることがわかっていただけたと思います。

さらにディグラム診断は、従来の心理分析とは違い、個人のみならず、企業や自治体といった組織・集団の問題解決やプロモーション活動など、幅広い分野で活用・応用することができます。

ディグラム診断の活用法としては、大きく分類すると、

「プロモーションを目的とした診断コンテンツ」

「人事や教育などの企業インナーのプログラム」

「WEBマーケティング領域でアドテクノロジーに利用」

などが挙げられます。また、診断時には、ディグラムで現状基本としている20問の診断用の質問だけでなく、目的に合わせて5問版、10問版など、質問数を絞《しぼ》り込んだ簡易バージョンを作ることが可能です。

そして現在、私たちが手がけているのは、次のような領域です。

①データに基づく診断コンテンツの提供
②対人関係、恋愛・結婚の相性診断メソッドの提供
③ＷＥＢマーケティングへの活用
④企業の人事、教育関連コンサルティング
この章では、このうちの①と②について、そして次の第6章では③、第7章で④にフォーカスし、ディグラム診断の企業における活用事例を紹介していきたいと思います。

企業・自治体とのコラボ

ディグラム・ラボが扱っている仕事のなかで、現在、最も多いのがメーカーや自治体などのプロモーションのお手伝いです。

「サイトのＰＶ《ページヴュー》が上がらない。もう少し訪問者数を増やしたい」

「この商品の一般認知度をもっと上げたいので、手伝ってほしい」

など、相談の種類はさまざまです。

私たちの関わり方として多いのは、商品のＰＲサイトのコンテンツを、客観的データをベースにして、消費者が楽しんでくれるような、生活に役立つような内容で作ることです。

データに基づく診断コンテンツを提供した実例として、３つ紹介します。

①ユーキャン「まなびスタイル診断」

通信講座サービスを提供するユーキャンと「学び」をテーマにした「まなびスタイル診断」という診断コンテンツを作成しています。

性格によって、適した学習方法は変わっていくもの。ひとり机に向かってコツコツ勉強するのが性《しょう》に合っている人もいれば、飽《あ》きっぽいため、他人と一緒に勉強するほうが効率の上がる人もいます。

ディグラム診断を受ければ、自分の波形と性格がわかり、それに合った勉強法が見えてきます。そのためディグラム診断は、仕事や資格といった分野と非常に相性がいいのです。

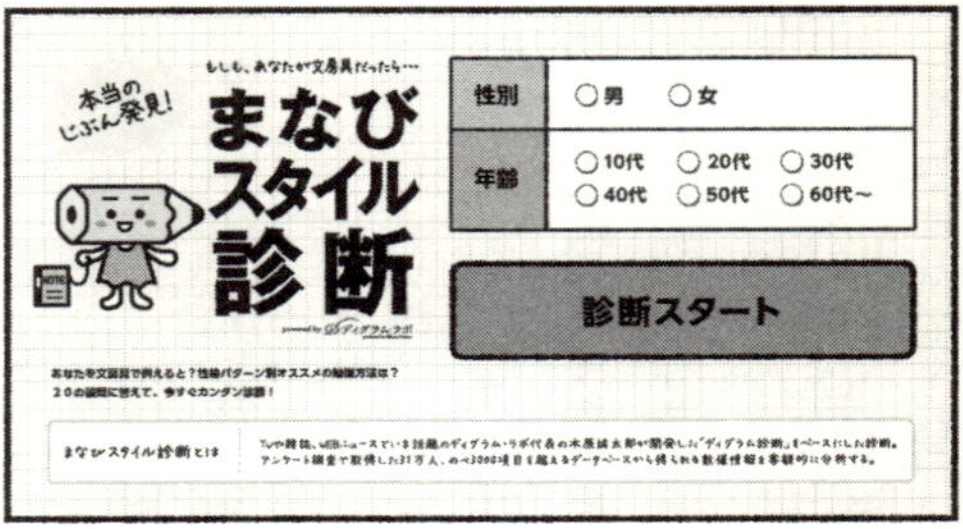

(http://www.u-can.co.jp/bungu/)

このコンテンツでは、「学び方のスタイル」と、「講座」や「資格」に関するオリジナルデータベースをアンケート調査により構築。波形別に「学び」に関わる基本性格を、文具にたとえてフィードバックします。また、性格に合った学びスタイルや、強み・弱み、アドバイスなどを診断結果としてアウトプットしています。

この「まなびスタイル診断」では、それぞれの性格に合った学び方に加えて、おすすめの資格や講座も表示させるようにしました。闇雲《やみくも》に探すよりはるかに効率的に、自分に合った学び方・資格を探すことができます。

②かなざわまちなび「金沢まちなか相性診断」

金沢商業活性化センター（金沢ＴＭＯ）が運営するＷＥＢサイト「かなざわまちなび」上で、北陸新幹線の開通を記念して、地域活性化を目的とした診断コンテンツ「金沢まちなか相性診断」を作成しました。

このコンテンツは、基本的な性格診断に加え、27波形に合わせて金沢の「まち」のスポットや見どころを案内します。

ご存じの通り、金沢は加賀百万石の藩都で、北陸最大の都市であるにもかかわらず、城下町の景観や江戸文化を色濃く残す魅力的なまちです。観光スポットは山ほどあり、「時間が足りない！」という人

（http://www.kanazawa-machinavi.com/）

が続出。そこで、アンケート調査とフィールドワーク、ヒアリングをもとに、それぞれの人の性格に合った「まち」を紹介しようと、「街」と「人」のマッチングコンテンツを作りました。

金沢は昼と夜の表情がガラリと異なるため、昼・夜に分けたスポットをオススメしています。

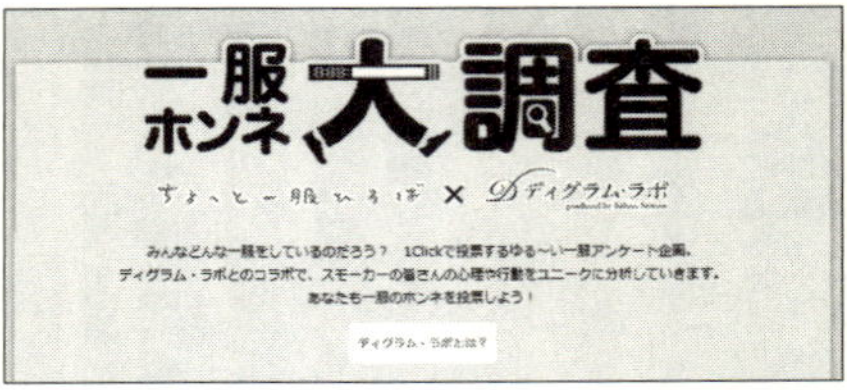

（http://www.1puku.jp/honne/）
※このサイトは満20歳以上の喫煙者を対象としたものです

③ＪＴ「一服ホンネ大調査」

日本たばこ産業（ＪＴ）が運営するＷＥＢサイト「ちょっと一服ひろば」の診断コンテンツ「一服ホンネ大調査」です。ユーザーがたばこに関わる行動や意識について質問に答えると、その人の性格、恋愛傾向、対人関係やストレス、仕事スキルなどについてわかります。

スモーカーのみなさんに喫煙タイムに読んでもらうため、「喫煙中の短時間でできること」を重視して作成しました。そのため、従来の20問ではなく、2〜4択の選択肢に答えるだけで、各選択肢を選んだ人の分布データが見られるライトバージョンにしています。

ちなみに、こちらの診断で使用したデータは、喫煙者１０００人のアンケート調査の結果とディグラム・ラボが持つデータベースを掛け合わせて作りました。

広がる「相性を測るコンテンツ」

ディグラム診断は自分自身の性格だけでなく、他者との相性も調べることができます。そのためディグラム診断は、マッチングコンテンツやマッチングイベントなど、人と人との相性をベースとした事例にもよく活用されています。

そうした対人関係、恋愛・結婚の相性診断メソッドの提供事例を2つ紹介します。

相性を見るときは、性格同士の組み合わせ数が増えるため、大量のデータが必要になります。また、分析の変数が増えて非常にややこしくなるという難点があります。そのため以下のコンテンツでは、時間をかけて仮説を立て、アンケート調査、観察、ヒアリングなどで検証作業を繰り返し、さらに統計のテクニックを駆使《くし》することでコンテンツを構築していきました。

④江崎グリコ「イケメン　スッキリ　カウンセリング」
江崎グリコのヨーグルト「高濃度ビフィズス菌飲料ＢｉｆｉＸ１０００」のオウンドメディア（企業が消費者に向けて発信するメディア）である「スッキリを広げよう。おなかスマイル！プロジェクト」というサイトの中にあるコンテンツ、「イケメン　スッキリ　カウンセリング」です。

(http://www.bifix.jp/project3/ikemen/)

このコンテンツは、20~40代女性をコアターゲットに、「自分の性格に合ったイケメンキャラクターに日頃のストレスを解消してもらって、女性たちにスッキリした気持ちになってもらおう！」というアイデアから生まれました。

まず、5つの質問に答えると、27タイプのイケメンキャラクターのうち自分と相性のいい3人をすすめられます。そのなかから一人を選ぶと、日頃の悶々とした気持ちや愚痴《ぐち》などをイケメンが聞いて慰《なぐさ》めてくれる……と、ちょっとした会話を楽しめる内容になっています。

ディグラムの相性診断メソッドにゲーム的な要素を追加してアレンジしたものがこの「イケメン　スッキリ　カウンセリング」です。

「高濃度ビフィズス菌飲料ＢｉｆｉＸ１０００」は、生きて腸まで届いて、おなかで増えるビフィズス菌ＢｉｆｉＸが商品１本あたり１０００億個も入っている、文字通り超高濃度のビフィズス菌飲料です。２０１４年に、それまで関西限定だったこの商品の販売エリアが全国に拡大された際、商品プロモーションを目的として依頼を受けたのが、このコンテンツを作るきっかけでし

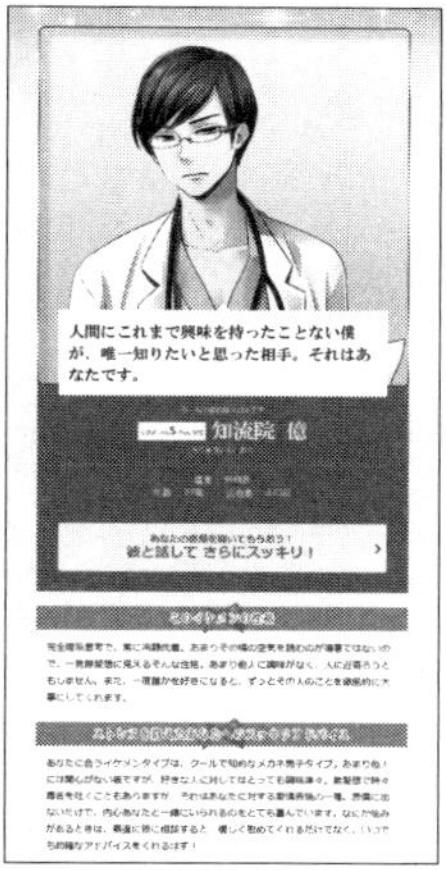

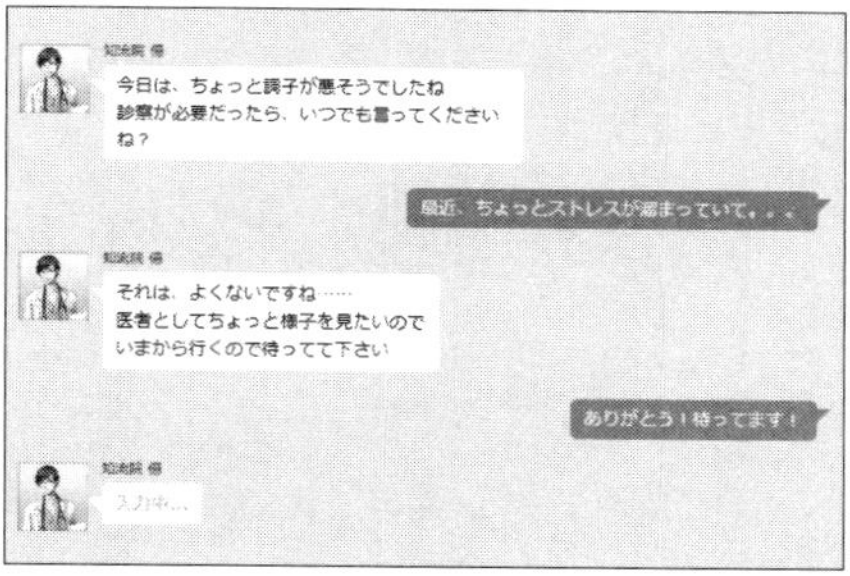

27タイプのキャラクターからあなたに合ったイケメンが話を聞いて慰めてくれる！　サンプルは、クールで知的なメガネ王子、知流院億（外科医）

た。ビフィズス菌や乳酸菌といった善玉菌はストレスで減ってしまうと考えられているところから、ディグラム診断を使って、女性の日頃のもやもやした気持ちやストレスを解消してもらおうというコンセプトでアウトプットを考えました。

たとえば、草食系の「ライン型Ⅱ」（36ページ）、「ライン型Ⅲ」（36ページ）、「ACトップ型」（41ページ）の女性と相性がいいのは、「ライン型Ⅰ」（36ページ）と呼ばれる男性です。基礎能力が非常に高く、なんでもデキる万能タイプ。自分に自信があって、少しナルシストでもある〝デキメン〟です。

このコンテンツでは、イケメンキャラクターのプロフィールとして「日本でも1、2位を争う有名企業の御曹司《おんぞうし》」という設定にしました。

そして、右に挙げた3つの波形の女性は、非日常的でアクティブな活動をするとストレスが解消できる傾向が高いことから、「クルージングに連れて行ってもらう」というシチュエーションで、お姫様気分を味わってもらえるようなセリフを考えました。

イケメンの性格はもちろん、話し方、ビジュアル、プロフィール設定など細かくこだわって作っていますので、もやもやした気持ちのときなどに、WEBサイトでイケメンとの会話を楽しんでみてください。

なお、イケメンの名前はすべて、江崎グリコさんとその商品にちなんだものになっています。

このWEBコンテンツでは、たまたま「女性のストレス」を取り上げましたが、ディグラム・ラボは、もともとストレスに関してかなりの量のデータを集め、研究を重ねてきています。

性格ごとに、ストレスを感じやすい「ストレス要因」は異なります。「ストレスを受けやすい性格」と「全然ストレスを受けない性格」の違いもあります。

ストレスを受けたときに瞬間的にキレやすい性格、一日経ってイライラしだす性格、すぐに反省する性格など、ストレスの溜まり方やストレスがかかったときの心理状態は波形ごとにさまざまです。また、ストレスを感じる環境にも違いがあり、たとえば、大人数に囲まれるとストレスを感じる人もいれば、睡眠時間が少ないとストレスが溜まりやすくなる人もいます。

そのためストレス解消法も、性格によって異なってきます。大きく分けると、のんびり癒《い》やされて解消するタイプと、踊《おど》ったり騒《さわ》いだりなどのアクティブな行動で発散するタイプの2種類があります。

ストレス過多《かた》の現代において、自分の性格に合ったストレス解消法を見つけることは、誰にとっても必要不可欠なことです。ディグラム・ラボでは今後、こうしたストレス関係のコンテンツ制作にいっそう力を入れていきたいと考えています。

⑤ディグラム合コン／婚活イベント

婚姻率が下がり続けて、街コンなども一般化した現在。ディグラム診断のマッチングコンテンツを活かすべく、ここのところ需要が増えているのが「ディグラム合コン」「ディグラム婚活イベント」などのマッチングイベントです。

最初に始めたのは2013年頃のことでした。その後、年々需要が高まっており、参加者15人ほどの小規模なものから、80人の大規模なものまで、さまざまなスタイルで実施しています。

「ディグラム合コン」「ディグラム婚活」が普通の合コンやお見合いパーティなどと大きく異なる点は、参加者には全員、初めにディグラム診断を受けてもらうという点です。それぞれの波形を把握《はあく》したうえで、その波形と性格的に相性のよい波形の相手をアドバイスします。

ディグラム診断を使うと、いままでにないさまざまなメリットがあります。

まず、初対面なのに、相手の性格がある程度把握できること。

通常の合コンやお見合いパーティなどでは、年収や職業に関心が集中してしまったり、容姿や第一印象で判断してしまったりと、「その人そのもの」を十分に理解できずに進めることが一般的です。ところが、「ディグラム合コン」「ディグラム婚活」なら、ディグラム診断を受けてもらって「この人はこういう性格だ」とある程度推測することができ、最初から深いコミュニケーションが可能になります。
たとえば、無口な参加者がいたとします。「この人は自分のことを気に入っていないから、あまりしゃべらないんだろう」と思い込みで判断するか、「この人はもともと無口な性格の人で、あまりしゃべらないけれど誠実なタイプなんだ」と性格診断の結果に基づいて考えるかで、印象もその後のやりとりもまったく違ったものになるはずです。余計な摩擦《まさつ》や思い込みで相手に対して誤《あやま》った判断をしなくなるため、カップル成立率も非常に高くなります。

「ディグラム合コン」「ディグラム婚活」のイベントに参加する人には2種類あって、大きくは「賑《にぎ》やかなことが好きな人」と「静かな環境が好きな人」に分かれます。賑やかなことが好きな人たちが集まったテーブルはなにもしなくても盛り上がり、カップリングが成立しやすくなります。また、静かな環境を好む人たちが集まっている場合でも、話をするきっかけや会話の糸口さえ整えられれば、静かに盛り上がり、カップリングが成立しやすくなります。

また、「目的」によって好みが変動することもおもしろい点です。ただの恋愛を求めているのか、結婚を意識しているのかで、求める波形タイプが異なってくるのです。

たとえば、優しくて周囲に気遣いしすぎてしまうような、日本女性の典型的タイプといわれる「Ｎ型Ｉ」（39ページ）の女性の場合、恋人を探すのであれば、ノリがよくて陽気な「Ｍ型」（37ページ）の男性と相性がいいといえます。そしてただ陽気に楽しむだけではなく、しっかり軸を持っていてリードしてくれる相手を求めるのであれば、「ＣＰ（厳しさ）」が高めの男性をオススメします。

また、「Ｎ型Ｉ」の女性は、自分を引っ張ってくれるような、「ＣＰ（厳しさ）」と「ＦＣ（自由奔放《ほんぽう》さ）」が高く、「ＮＰ（優しさ）」が低めの、ちょっとオラオラ系のタイプの男性を好む傾向があります。けれども、オラオラ系の傾向が強すぎて優しさに欠けると、女性側が男性側に尽くしすぎ、振り回されがち。だから、恋愛には良くても結婚相手としては難しいかもしれません。

「Ｎ型Ｉ」の女性の結婚相手として考えるなら、ちょっと強引だけど引っ張ってくれて、かつ優しさがある「ＡＣボトム型」（42ページ）の男性が理想的です。「Ａ（論理性）」も高いため、迷いがちで計画性に乏《とぼ》しい「Ｎ型Ｉ」の女性にはぴったり。ただし、この波形は経営者に多く、既婚男性が多くて未婚男性の出現率が低いのです。ほかには、「台形型Ｉ」「台形型Ⅱ」（37ページ）の男性も、「CP（厳しさ）」が低いために「N型I」の女性には少しパンチ不足かもしれませんが、「A（論理性）」の高さで優しくリードしてくれるので、オススメといえます。
このように、ディグラム診断の結果をもとに、結婚や恋愛などニーズに合わせてオススメする相手、マッチングする相手を少しずつ変えていきます。こうして現在、ディグラム診断を使ったマッチングコンテンツによって、非常に高いマッチング率を記録しています。

第6章　ディグラムをWEBマーケティングに活用する——恒吉浩之×ディグラム・ラボ

一歩踏み込んでインサイトを摑む

いまの時代、ユーザーのニーズを知るために、スマホやPCなどを使ったWEBマーケティングが必須です。第2章で解説したように、WEBはリサーチやデータ分析と非常に相性がよく、WEB上のユーザーをディグラム診断することで、一歩踏《ふ》み込んで顧客のインサイト（マーケティング用語で、マーケティング活動に活用できる消費者の心の動きのこと）を摑《つか》むことができます。

たとえば、会員ビジネス。

僕らディグラム・ラボはメルマガを配信していますが、実はユーザーの管理を波形別に行っています。波形別に管理することで、「それぞれの波形のユーザーがどのような行動を取り、どんなものに関心を持つか」について検証しているのです。

この原稿を書いている時点で、開始から8ヵ月が経過したところですが、すでに波形別にユーザーたちの行動に変化が現れています。たとえば、メルマガ会員に登録しやすい波形、メルマガ会員になってもすぐに退会しやすい波形などの違いがあるのです。

一例を挙げると、僕らのメルマガ会員に多い波形が、「N型Ⅰ」（39ページ）。情報感度が高くてミーハーである一方、飽《あ》きっぽくて新しいものを見つけるとすぐに飛びついてしまう傾向があります。それゆえ、この波形の人はメルマガ加入率も高いのですが、やめてしまう率も非常に高いようです。ただ、おもしろいことに、真面目な一面もあるため、やめる際もメールで「退会したいのですが……」と問い合わせをしてきてくれることが多いのです。

波形ごとに異なる人々の行動パターンを見るにつけ、僕たちは人間の行動は性格に結びついている、との確信をよりいっそう強くしています。

ゆくゆくは「会員の波形別にＤＭの内容を変える」「会員の波形別にサービスを変える」など、波形別の対応ができるようにしていければいいなと考えています。

性格別にリコメンドする

勘のいい方はすでにお気づきだと思いますが、要するに、ディグラム診断の性格分類は、基本的にどんなものにでも応用が可能です。

たとえばパソコンなら、Ｍａｃ派にはどういう性格が多いのか、Ｗｉｎｄｏｗｓ派に多い性格はなにかを把握《はあく》できるでしょう。Ｗｉｎｄｏｗｓ派でも、メールサーバーはなにを使っているか、パソコン本体の機種はどのメーカーのものが好きか、何色が好きかと、その人が好む商品傾向と性格とを関連付けたデータを大量に集めることで、「この性格の人はこういう商品を好みやすい」「この商品を買うと満足度が上がりやすい」といったデータを集めることができます。

リコメンド（顧客の好みを分析して、それに合った商品やサービスの情報を提供すること）と聞くと、Ａｍａｚｏｎなど通販サイトを思い出す人が多いかもしれません。最近では、自社商品を販売するＥＣサイト（インターネット上で商品を販売するＷＥＢサイト）などを利用すると、「この商品を買った人は、ほかにはこういう商品を見ています」というように、商品に関連したリコメンドが上がってきます。

ディグラム診断の場合は、そこにもう一歩進化を加えて、「その人が買った商品」から「買った人がどんな性格か」を分析しています。データを蓄積することで、「同じ波形の人が買って、満足度が高かったのはこういう商品です」と新たな評価軸を作って、リコメンドを出すことができるのではないかと思っています。

わかりやすいところでは、「洋服」などのキーワードも、ディグラムとは相性がいいのではないかと考えています。

たとえば、洋服の色。波形によって好みの色や、着るとテンションが上がる色が存在します。普段はわりとモノトーンの洋服を着ることが多い「Ｕ型」の波形の人が、普段と気分を変えたいときにピンクや赤などのカラフルな色を取り入れてみる。すると、ちょっとテンションが上がって、いつもよりアクティブになったりすることがあります。

色だけではなく、洋服の形状や素材、またはブランドなどによって性格を分類することもできると思います。

そのほか、マンションなどの住宅選びなど、自分だけでは決めかねる商品に関しては、ディグラムはとくに有効だと思います。

たとえば「逆N型」（39〜40ページ）など、ややナルシストで自信がある性格の人は、タワーマンションなど、設備が多くて景色がよく、ステータスを感じられるような物件を好みます。また、「U型」（38ページ）などやや神経質なタイプは、値段や間取りより、清潔さを重要視しがち。新築物件やリノベーション済みの物件（大規模修繕で、機能的で現代的な物件へと生まれ変わった中古住宅）を中心的に探したほうが効率がいいかもしれません。

一方、合理的な「Aトップ型」（41ページ）や「台形型」（37〜38ページ）の人の場合、家賃重視で判断します。またこのタイプの人は無駄が嫌いなので、何件も見て回らず、ほどほどのところで早めに決めてしまう傾向があるようです。

不動産に関していえば、「住みたい場所」も性格に影響されます。たとえば、「横浜に住みたい」という人と「浅草に住みたい」という人では、かなり性格が違うはず。そう考えれば、不動産でも、その人の性格に合ったリコメンドをすることが可能になると思っています。

極端な話では、飲食店でも可能です。寿司屋さんで、その人の波形に合わせた「今日、食べるべきお任せコース」を作ることだって可能なわけです。

また、サイトの訪問者の構成比を性格別に分析することで、どんな人にそのサイトが好まれているのかを把握することもできます。実際、「自分探し」をしている人が訪問しがちな某WEBサイトの訪問者数を分析してみたところ、さきほども例に挙がった情報感度の高い「N型I」が多く、全国平均で8・4%の構成比のところ、「N型I」は20%強もの人が訪問していることがわかりました。

つまり、サイトの特性によって、訪問する性格が異なってくるということです。ここから、そのサイトに合わせた、効果的で効率的なマーケティングを考えることができるといえます。

ディグラム香りの研究所の挑戦

ほかにも、人間の記憶に残りやすい感覚のひとつである「嗅覚《きゅうかく》」と波形の分析も行っています。

香りは生活や心と密接な関係があり、その人の心理や行動にも大きな影響を与えていることが知られています。そこで、僕たちは密《ひそ》かに「ディグラム香りの研究所」という研究所を作っています。

その人の性格や日頃の行動基準と「好きな香り」を組み合わせることで、「ラベンダーの香りを好む人ほど、コミュニケーション能力の高い人が多い」「バラの香りが好きな人ほど、キレイ好きが多い」といった傾向を導きだすことができるかもしれません。

ほかにも、「睡眠不足を解消するために、一番リラックスして深く眠れる香りはなんなのか」「子どもが勉強するとき、一番能率を上げる香りはどれか」「異性に好かれる香りにはどういうものがあるか」といったデータも出しています。今後は、目的別にどういう香りを身近におけばいいかといったことなどについて、リコメンドしていきたいと思っています。


リサーチデータの一部を紹介します。

「男性が好感を持つ部屋の香り」について全国の20～40代の男性３００人を対象に、「女性の部屋に行ったときに、癒《い》やされる気持ちになる香りはなんですか？」と訊《たず》ねたところ、１位は「石けん・ソープの香り」（26・３％）でした。以下、２位が「ラベンダー」（17・７％）、３位「シトラス」（11・７％）、同率４位は「フローラル」（11・３％）と「ミント」（11・３％）でした。

また、同じく全国の20～40代の主婦３００人に「玄関の香り」と「子どもの交友関係」について調べてみたところ、「子どもの友達は多いほうだ」（19・６％）、「子どもの友達関係は良好だ」（17・４％）と回答した主婦のなかで、「玄関にはローズの香りを使っている」と答える人が一番多かったというデータが得られました。

「このデータが、いったいなんの役に立つんだ！」と言われてしまいそうです。

ディグラム診断を作った理由のひとつは、人がなにかに迷っているときに「同じ性格の人は、こっちを選んだほうが満足度は高かったみたいですよ」という提案をするためです。

たとえば、女性がドラッグストアで芳香剤を選ぶときはどうでしょう。仮にその人の条件に合った香りがわかるデータがあったとしたら、無作為に「なんとなく」芳香剤を選ぶより、そのデータを参考にしたほうが、ほんのちょっとでも人生にプラスになる「より良い選択」ができる可能性が高くなると思いませんか？

彼氏のいる人なら、「今日は彼氏が来るから、好感度の高そうなソープの香りにしよう！」と思うかもしれませんし、子どものいる女性なら「うちは子どもがいるから、ローズの香りのほうがいいのかな」と思うかもしれません。

人生のあらゆる場面において、より良い選択、より良い行動をしていただくためにディグラム・ラボのデータは日々更新を続けているのです。

第7章　企業の人事、教育にディグラムを活用する!

——木原誠太郎×ディグラム・ラボ

心のゆらぎや相性を見える化

いろいろな側面から語ってきたように、人間関係の微妙な心のゆらぎや相性が、データとして〝見える化〟できるのが「ディグラム診断」のメリットです。それはもちろん、「会社内」の人間関係でも同じです。

ですからディグラム診断は、採用や人事、チームビルディング、人材教育など、あらゆる場面で活用することが可能です。そのため昨今、企業の方々から「人材教育に使いたい」「採用面接に利用したい」といった依頼をいただく機会が増えています。

波形から最適人材を見抜く

企業からの問い合わせで、最近増えているのが「ディグラムライセンスを使ったキャリア関連事業の相談」です。たとえば「採用」に関して多いのが、

「うちの会社は離職率が高いんですが、どういう人を採用すると長続きしてくれるのでしょうか？」

「長年勤めてくれていたエース社員が辞めてしまった。その人の代わりになるような人材を採用したいのだけれども、どうやって選べばいいのだろうか？」

などという問い合わせです。

僕自身も経営者ですからよくわかるのですが、「会社に合った人材探し」は、どの企業にとってもなかなか難しい問題です。

当然ながら、会社にはそれぞれ社風があります。就職活動時などにもよくいわれることですが、その「社風」と人材を上手にマッチングできるかどうかで、個人、企業、それぞれの成果が大きく変わってしまいます。

また、「営業マン」として優秀だった人が、総務部に異動して同じように優秀な業績を挙げられるかというと、一概にはいえないでしょう。また、前職ではよい成績を収めていたとしても、別の会社に移っても同じようになるとは限りません。むしろ、A社では「優秀だ」とされていたのに、B社では「全然使えないダメ社員」という烙印《らくいん》を押されてしまうことだって起こりえます。

どこでも結果を出せるようなよほど優秀な一部の人をのぞいて、環境によってその人の価値や評価は簡単に変わってしまうものなのです。

だから、人材選びに関しては、社風は絶対に無視できない問題です。単純に「いい大学を出ている」「前職はいい会社で重要なポジションを任されていた」などと履歴書《りれきしょ》に書かれているようなスペックや数十分の面接だけで判断して失敗することがよくありますが、それは、「性格」を見抜けていないために起こります。

採用関係の相談が寄せられたときに僕が最初にやるのは、ディグラム診断を通じて、その会社の社風を探ることです。「社風なんて、外部の人間にわかるのか」と思われるかもしれませんが、これが意外と簡単にわかるのです。

やり方は単純で、その会社で「成績がいい」「優秀」といわれている人々の波形をチェックしていきます。

たとえば、A社において「優秀だ」といわれている人に、元気で明るく、ポジティブシンキングができるタイプが多いとします（仮にここでは「M型」とします）。ならば、A社で求められるのは、明るくて元気な「M型」タイプだと考えることができます。僕なら、入社試験の候補者たちにディグラム診断を受けてもらって「M型」タイプを見つけ出し、彼らを中心に採用していくことを考えます。

また、別の会社では「優秀」とされる人の波形が、おとなしくて従順なタイプであったとします。その場合やはり、採用試験の際にディグラム診断でその波形の人をピックアップし、候補として押すようにしています。

おとなしくて従順なタイプが「優秀」とされる会社があるのかと、疑問に思う人がいるかもしれません。これが、日本ではけっこう多いのです。社長がワンマンでトップダウンが激しい会社では、真面目で、言われたことをしっかりこなす社員が「優秀」と見なされる傾向があるからです。

メディア業界などは、社風が社員の性格に反映されやすいようです。取材を受けた際に編集部にいた編集者の人たちの診断をしてみたら、みんな同じような波形でした。こんなことはしょっちゅうあります。

僕らディグラム・ラボも、波形自体はみんなバラバラですが、共通する特徴として、全員「NP（優しさ）」が非常に高いということがあります。これがディグラム・ラボの社風といえるかもしれません。

性格診断でチームビルディング

また、キャリア事業に関する問い合わせで多いのが、「チームビルディング」についての相談です。

人間には相性がありますから、相性の悪い波形同士が集まってしまうと、個々人は優秀でも100%の能力を発揮《はっき》できない、むしろ邪魔《じゃま》し合う、なんてことが起こりえます。だからこそ、性格に合った「人の組み合わせ」が非常に大切になってきます。

ディグラム診断を使った組織作りを任された場合、僕はだいたい2つの方法を取ります。ひとつは、「同じ系統の性格でまとめる」。そして、もうひとつが「正反対の性格の人を集める」。

まず、前者の「同じ系統の性格でまとめる」ケース。これは、その職場に「NP（優しさ）」の高い人が多いときです。「NP（優しさ）」が高い人は総じて他人にも優しく、「NP（優しさ）」が高い人同士なら互いに気遣いし合って、人間関係において衝突することが少なく、つつがなく職場が回ります。

ところが、ここに「NP（優しさ）」の低い人が入り込んでしまったらたいへんです。「NP（優しさ）」の低い人は、「他人が自分に気を遣っている」ということに気づくことなく、周囲に配慮せず、マイペースに振る舞いがち。それゆえ、優しくて配慮があって他人に気遣いできる人たちが、過度なストレスを抱えるようになってしまいます。

だからこそ、「NP（優しさ）」の高い人が多い職場なら、同じように「NP（優しさ）」の高い人を中心に集めるように心がけます。

また、サービス業など女性が多い職場だと、男性だけの職場よりも気配り力や優しさが求められるケースが多いので、こういった部分も配慮します。

もうひとつの「正反対の性格の人を集める」ケース。これは、「Ａ（論理性）」のバランスを見て行うことが多いです。

前出の「ＮＰ（優しさ）」の高い人、低い人の話と同様に、持っている要素が違う人同士は基本的に相性が悪いと考えられます。「Ａ（論理性）」が高い人同士もやはりその傾向は否《いな》めません。とはいえ、仕事においては判断力や段取り力が必要となることが多く、「Ａ（論理性）」は非常に大切な要素です。

そこで、あまりに「Ａ（論理性）」の低い人ばかりの職場である場合、反対にあえて「Ａ（論理性）」の高い人を投入します。そうしないと職場にルーズな人ばかりが集まって、オペレーションが回らなくなってしまうからです。

また、「Ａ（論理性）」の高い人は柔軟性に欠けるところがあり、企画を立てるなど柔軟なアイデア力が必要とされる仕事には向かないところがあります。そして、「Ａ（論理性）」の低いタイプに発想力が豊かな人が多いということがあります。そのため、「Ａ（論理性）」の高い人と低い人とを上手に組み合わせることができれば、よいチームが生まれることが増えていきます。

最悪なのは、「Ｗ型」（37ページ）や「ＣＰトップ型」（40ページ）など「ＣＰ（厳しさ）」の高い人と、明るくて割と大雑把《おおざっぱ》な性格の「Ｍ型」（37ページ）の組み合わせです。

「CP（厳しさ）」の高い人は時間や規律《きりつ》などに厳しいことが多く、「M型」のルーズさや適当さに呆《あき》れてしまいます。しかも、「M型」は楽天的なため、あまり反省をしません。そのため、同じミスやルーズな言動を繰り返します。そのため次第に、「CP（厳しさ）」の高い人は「この人と一緒に仕事をしたくない」「話をしても意味がない」と、「M型」の存在を頭のなかからシャットアウトしてしまいます。こうしてギスギスした、助け合えない職場が生まれます。

新人教育はディグラム診断で

新人教育でディグラム診断を応用しているケースもあります。

社員の離職率の多さに悩んでいた某小売店では、全社員にディグラム診断を受けてもらい、27波形に分類して、それぞれの性格タイプを把握することにしました。

そして管理職たちに、全社員分の波形と、その波形にどう接したらいいかのアドバイスをしました。

「このタイプはマネジャーに向いているので、責任ある仕事を任せても大丈夫」

「このタイプは、ちょっと厳しくするとすぐに辞めてしまうので要注意」

「このタイプは、人前で自分の意見を言うのが苦手だから、できるだけ個別に時間をとって話を聞いてあげるべき」

「このタイプは、時間にルーズだから、事前にリマインドをしてあげたほうがいい」

管理職たちにはこの指針を、新人研修や日頃の業務指導の際の参考にしてもらっています。

どんなに優秀な管理職でも、その人の個人的な指導法やスタイルが万人に当てはまることはありません。時に、「AさんとBさん、両方に同じことを言っているのに、どうしてAさんにはできて、Bさんはできないんだろう？」と悩んでしまうことだってあるかもしれません。

管理職とAさん、管理職とBさんの性格的相性も考慮しつつ、相手の性格に合った伝え方やり方にしていけば、よりよい指導と成長が実現できるはずです。

また、上司と部下、同僚同士と、会社の社員間における不可解な人間関係のすれ違いを解消するツールとしても、ぜひディグラム診断を活用していただければと思っています。

おわりに――「ディグラム診断」で人生を変えるためにできること

▼「理想の波形」は時代とともに変わる

「社会から必要とされる人になりたい」と思っている人は、たくさんいます。そのためか、最近よく聞かれます。

「誰からも愛されるような理想的な波形とは、いったいどんな波形なのでしょうか」と。

でも、この質問に答えるのは至難《しなん》の業《わざ》。実は、理想的な波形というものは「時代」によってかなり変化するからです。

たとえば、バブルの時代に理想とされた波形と、2015年の現在に理想とされる波形とを比較してみましょう。

バブル時代に評価されたのは、「FC（自由奔放《ほんぽう》さ）」が高い「台形型Ⅲ」（38ページ）や「FCトップ型」（41ページ）などの波形でした。性質でいえば、とにかく豪快でノリがいい。そして派手好きで、フットワークが軽く、アイデアマンという「目立つ人たち」です。

当時はとにかくイケイケな時代で、「消費」することが求められました。個人でいろいろなパフォーマンスをして、遊びも仕事もバリバリできる人が「カッコいい」とされていたのです。

ところがいまの時代に評価される人は、「ちゃんと時代の先を読めて、かつ他人に対しての配慮ができる人」。そのため「台形型Ⅱ」（37ページ）など、「A（論理性）」が高く、かつ「NP（優しさ）」も高いタイプが理想とされるようになっています。男性なら、生活力もちゃんとあって、先々のことも見通していて、安定している。さらに、他人に突っかかったり、喧嘩腰《けんかごし》になったりせず、空気が読める人。

女性のモテるタイプもそうです。

少し前まではバリバリのキャリアウーマンなど「強い女性」が評価されていました。ところが、「強いだけの女性は可愛《かわい》げがない」などと評価が下がってしまい、「癒《い》やし系」「ゆるふわ系」など、一見優しくてニコニコしているけれども、実はちゃんと計算している「したたかな女性たち」が台頭《たいとう》しています。

いまの時代に「台形型Ⅱ」が良いとされるのは、なぜなのか。それはある意味、いまが時代として調子のいい時期だからだと思います。

経済的には、リーマン・ショックが起きた最悪の時期に比べれば、そこそこ景気もよくなってきています。東日本大震災があった２０１１年には社会全体が一気に不安モードになりましたが、少しずつ回復してきて、社会的にも安定してきている。もちろん、不安要素はほかにも山積みですが、それでも数年前に比べれば確実に前進していて、それにともない、求められる要素も変わってきていると感じます。

そしていま、単独で派手な個人のパフォーマンスより、チームワークなどを重視する「集合《しゅうごう》知《ち》」の時代に入っています。そのため、一人で突っ走るタイプよりも、協調性を大事にできて、かつ先々まで見通せる参謀《さんぼう》タイプが好まれるようになっています。バブル時代に高く評価されたような自由で創造性豊かなタイプは、「チャラチャラしている」「団体行動ができない」と警戒され、評価を得ることが難しくなっています。

このように、理想とされる波形は、時代ごとに大幅に変化していきます。つまり、「いま理想的」とされるものが、5年後、10年後にも理想的とは限らないわけです。

メイクや髪型、服装、人気の職業なども、時代によって大きく変わっていきます。平安時代に美人とされた顔が、いまの時代の感覚では必ずしも美人とは評価されないのと同じように、人々の価値観そのものが転換していく。それが、僕たちが生きている世界です。そうした世間の流行《はやり》・廃《すた》りとともに、ディグラム診断における「良い・悪い」の基準も、5年スパンぐらいで、ゆるやかに移行していくだろうと僕は思っています。

おそらくいまから5年後、2020年になったときには、「イケている人」のパラダイムシフトが起こると思います。社会がよりシビアになって、欧米のように「A（論理性）」が高くてキレキレ、つまりは「Aトップ型」（41ページ）と呼ばれる波形が良しとされる世の中になる可能性もあります。また、自己主張が強くて、自分のことを第一に考える「逆N型」（39〜40ページ）が良いとされる時代になっているかもしれません。

僕らのディグラム診断の最大の特徴は、「生きた人間」を相手にしていることにあります。もちろん過去の蓄積データも参考にしますが、なにより大事にするのは「時代性」。つまり、回答者となる母集団に変化が起きればそれを反映させ、どんどん進化させていくのです。

蓄積した「死んだデータ」からなんらかの法則性を導きだすのではなく、人間をウォッチし続けることで得られる「生きたデータ」を集め、みなさんに還元していきたいと思っています。

27波形から1024波形へ

現在、個人の性格診断やビジネス分野などで活用されているディグラム診断ですが、今後、より強化していきたいと考えているのが「セルフカウンセリング」分野です。

「いまの自分が嫌い」「自分の性格が気に入らない」という人は世の中にたくさんいると思います。そういう人が、自分自身を見つめて、自分で行動を変えて、理想とする波形に近づけていくためのメソッドを確立していきたい。自分自身でそれができるようになれば、どんなに時代が変化しようとも、たくましく、自分に自信を持って、しなやかに生きていけるようになると思うのです。

こうした性格別のアドバイスは、今後よりいっそう精度を上げていきたいと考えています。

そして、ディグラムの波形も進化します。

そもそも、ディグラム診断で定義している27波形自体、絶対的なものではありません。

いまも、「これはなんの波形だろうか」と僕らでも迷ってしまうようなイレギュラーな波形がときどき出てきます。ジャッジが曖昧《あいまい》になってしまうものもあります。くっきり27波形に分類することができず、2つの波形を合体させたような波形もあります。

ディグラム診断の精度を上げるために、現在僕らが進めているのが「波形のさらなる細分化」です。さらに性格を細かく分け、現状の27パターンの波形を増やしていくことを考えています。

当然のことですが、「完全に誰かと同じ性格」などありえません。性格は、人間の数だけ存在します。そのため、波形をより細かく分けることで、より多くの「自分の性格に近い波形」を生むことができます。

ディグラムの20問の質問を組み合わせた結果、理論上、最大で約6万パターンの性格波形がありうると、ディグラム・ラボとしては考えています。のべ37万人の調査データを見てきたなかで僕たちが観測できているのは、そのうちの1024パターンだけ。これは、まだ見たことがない波形がありうる……ということ。

2015年中には、もう少しバージョンアップさせて、27波形以上の波形パターンを新たに追加する予定です。

さらに今後は、時間による性格の変化にも注目していきたいと考えています。同じ日でも、時間帯によって気分や性格が変わることはよくあります。また、朝方から動かないと調子が出ない人もいれば、夜になると急にテンションが高くなる人もいます。

こうした時間帯による性格的な変化もある程度分析できれば、

「この時間帯になると○型は消費欲求が高まるから、この時間にリコメンドメールを送ると商品が売れやすい」

「この時間帯になると×型は気分が落ち込みやすいので、アドバイスメールを送ってあげると喜ばれる」

などと、なにかしらのアクションにつなげることができるはずです。

もはやSFの世界のようですが、究極のところは、指紋《しもん》認証や目の網膜《もうまく》をスキャンするだけで、ディグラムの波形がわかる……なんてところに持っていけたらいいな、とイメージはどこまでも膨《ふく》らんでいきます。

人生は「意思決定」の積み重ね

最後に、僕の大好きな理論を紹介させてください。

経営学における組織論を完成させたといわれるアメリカの政治学者であり、経営学者でもあるハーバート・A・サイモンの理論です。彼はマネジメントの世界に、意思決定の重要性を認識させた人としても知られています。

彼の理論をごく簡単に言うと、「すべての業務におけるひとつひとつの意思決定が、すべての組織の行《ゆ》く末《すえ》を決める」というもの。いま思えば当たり前のように聞こえます。でも、学生時代に学んだこの理論のことを、僕は忘れることができません。なぜなら、まったく同じことが人間に置き換えてもいえるからです。

いま、そのひとつひとつの意思決定の積み重ねが、結局はその人の人生を形作っていきます。だから、できるだけ、自分にとってよりメリットのある選択をする。それが、その後の自分の未来を左右するのです。

僕がディグラム診断を作った根底には、いつもこの理論がありました。

自分の意思決定によって、未来はすべて決められていく。しかし、人は誰しも道に迷い、時に自分の居場所を確認したくなる生き物です。

どうしても迷ってしまったときは、誰かのアドバイスを聞きたくなる。そんなときに頼るのは、できるだけ根拠や客観性があるもののほうが、その人のためになるのではないかと思うのです。

ディグラム診断のアドバイスによって、もしかしたら誰かの人生の負担をちょっとだけ減らすことができて、ほんのちょっとだけよりよいものにできたらいい。僕たちは、そう願っているのです。

参考文献

『交流分析とエゴグラム——Transactional Analysis SERIES（３）』（新里里春＋水野正憲＋桂 戴作＋杉田峰康著、チーム医療）
『わかりやすい交流分析——Transactional Analysis SERIES（１）』（中村和子＋杉田峰康著、チーム医療）
『自分がわかる心理テスト——知らない自分が見えてくる』（芦原 睦著、桂 戴作監修、講談社ブルーバックス）
『自分がわかる心理テストPART2——エゴグラム243パターン全解説』（芦原 睦監修、講談社ブルーバックス）
『エゴグラム——ひと目でわかる性格の自己診断』（ジョン・M・デュセイ著、池見酉次郎監修、新里里春訳、創元社）
『新版TEGⅡ 解説とエゴグラム・パターン』（東京大学医学部心療内科TEG研究会編、金子書房）
『新版TEGⅡ活用事例集』（東京大学医学部心療内科TEG研究会編、金子書房）
『交流分析のすすめ——人間関係に悩むあなたへ』（杉田峰康著、日本文化科学社）
『TA TODAY——最新・交流分析入門』（イアン・スチュアート＋ヴァン・ジョインズ著、深沢道子監訳、実務教育出版）
『脚本分析——Transactional Analysis SERIES（５）』（杉田峰康＋国谷誠朗著、チーム医療）
『マーケティングリサーチの論理と技法　第４版』（上田拓治著、日本評論社）
『データマイニング入門——Ｒで学ぶ最新データ解析』（豊田秀樹編著、東京図書）
『EXCEL ビジネス統計分析 ビジテク 2007/2003対応』（末吉正成＋末吉美喜著、翔泳社）

調査協力：株式会社ゲイン
編集協力：藤村はるな

木原誠太郎
1979年生まれ、京都府出身。電通やミクシィでマーケティングを担当し、さまざまな企業のマーケティングコンサルティングにたずさわる。2013年、ディグラム・ラボ株式会社を設立。心理学×統計学で人間の本音を分析し、カウンセリングするプログラム「ディグラム」の研究を進めながら、同時に事業展開。「オイコノミア」(NHK)、「性格ミエル研究所」(フジテレビ系)、「スッキリ!!」(日本テレビ系)などテレビ出演多数。

講談社+α新書 704-1 A
75.5%の人《ひと》が性格《せいかく》を変《か》えて成功《せいこう》できる
心理学×統計学「ディグラム性格診断」が明かす〈あなたの真実〉
木《き》原《はら》誠《せい》太《た》郎《ろう》×ディグラム・ラボ

2015年10月20日第1刷発行

発行者――― 鈴木 哲
発行所――― 株式会社 講談社
東京都文京区音羽2-12-21 〒112-8001
電話 出版(03)5395-3522
販売(03)5395-4415
業務(03)5395-3615
写真――― 講談社写真部(村田克己)
デザイン――― 鈴木成一デザイン室
カバー印刷――― 共同印刷株式会社
印刷――― 慶昌堂印刷株式会社
製本――― 牧製本印刷株式会社
本文データ制作――― 朝日メディアインターナショナル株式会社

定価はカバーに表示してあります。

落丁本・乱丁本は購入書店名を明記のうえ、小社業務あてにお送りください。

送料は小社負担にてお取り替えします。

なお、この本の内容についてのお問い合わせは第一事業局企画部「+α新書」あてにお願いいたします。


ISBN978-4-06-272910-9

講談社＋α新書

昭和50年の食事で、その腹は引っ込む なぜ1975年に日本人が家で食べていたものが理想なのか
都築　毅
東北大学研究チームの実験データが実証したあのころの普段の食事の驚くべき健康効果とは
840円 685-1 B

こんなに弱い中国人民解放軍
兵頭二十八
核攻撃は探知不能、ゆえに使用できず、最新鋭の戦闘機200機は「F-22」4機で全て撃墜さる!!
840円 686-1 C

巡航ミサイル1000億円で中国も北朝鮮も怖くない
北村　淳
世界最強の巡航ミサイルでアジアの最強国に!! 中国と北朝鮮の核を無力化し「永久平和」を！
920円 687-1 C

私は15キロ痩せるのも太るのも簡単だ！　クワバラ式体重管理メソッド
桑原弘樹
ミスワールドやトップアスリート100人も実践!! 体重を半年間で30キロ自在に変動させる方法！
840円 688-1 B

「カロリーゼロ」はかえって太る！
大西睦子
ハーバード最新研究でわかった「肥満・糖質・酒」の新常識！　低炭水化物ビールに要注意!!
800円 689-1 B

銀座・資本論 21世紀の幸福な「商売《あきない》」とはなにか？
渡辺　新
マルクスもピケティもていねいでこまめな銀座の商いの流儀を知ればビックリするハズ!?
840円 690-1 C

「持たない」で儲ける会社 現場に転がっていたゼロベースの成功戦略
西村克己
ビジネス戦略をわかりやすい解説で実践まで導く著者が、39の実例からビジネス脳を刺激する
840円 692-1 C

LGBT初級講座 **まずは、ゲイの友だちをつくりなさい**
松中　権
バレないチカラ、盛るチカラ、二股力、座持ち力…ゲイ能力を身につければあなたも超ハッピーに
840円 693-1 A

医者任せが命を縮める **ムダながん治療を受けない64の知恵**
小野寺時夫
「先生にお任せします」は禁句！　無謀な手術、抗がん剤の乱用で苦しむ患者を救う福音書！
840円 694-1 B

「悪い脂が消える体」のつくり方 肉をどんどん食べて100歳まで元気に生きる
吉川敏一
脂っこい肉などを食べることが悪いのではない、それを体内で酸化させなければ、元気で長生き
840円 695-1 B

2枚目の名刺　未来を変える働き方
米倉誠一郎
イノベーション研究の第一人者が贈る新機軸!! 名刺からはじめる〝寄り道的働き方〟のススメ
840円 696-1 C

表示価格はすべて本体価格（税別）です。本体価格は変更することがあります